MAHATMA GANDHI

les pages 31-34 manquent
P. Bruno

constaté le 20 mars 1948

ROMAIN ROLLAND

MAHATMA GANDHI

Édition nouvelle revue, corrigée et augmentée.

1926

LIBRAIRIE STOCK
Delamain & Boutelleau
7, rue du Vieux-Colombier
PARIS

DE CET OUVRAGE, IL A ÉTÉ TIRÉ À PART SUR PAPIER DE HOLLANDE VAN GELDER, 30 EXEMPLAIRES NUMÉROTÉS DE 1 À 30 ; SUR PAPIER PUR FIL LAFUMA, 550 EXEMPLAIRES NUMÉROTÉS DE 31 À 580 ET PORTANT LA MENTION : ÉDITION ORIGINALE. IL A ÉTÉ TIRÉ EN OUTRE 5 EXEMPLAIRES HORS COMMERCE, DONT 2 SUR PAPIER DE HOLLANDE VAN GELDER, NUMÉROTÉS I ET II ET 3 SUR PAPIER PUR FIL LAFUMA, NUMÉROTÉS III À V

[illegible]

A la terre de gloire et de servitude,
des Empires d'un jour et des pensées éternelles,
Au peuple qui défie le Temps,
A l'Inde ressuscitée.

Pour l'anniversaire de la condamnation
de son Messie.
(18 mars 1922).

Au début de cette étude, j'adresse mes remerciements affectueux à ma fidèle collaboratrice, ma sœur, et à mon ami Kalidâs Nâg, dont le grand savoir et l'infatigable obligeance ont guidé mes pas dans la forêt de la pensée hindoue.

Je remercie également l'éditeur S. Ganesan, de Madras, qui a mis à ma disposition une grande partie de ses publications.

MAHATMA GANDHI

LA GRANDE AME
MAHATMA... [1]
l'Homme qui s'est fait un
avec l'Être de l'univers.

I

De tranquilles yeux sombres. Un petit homme débile, la face maigre, aux grandes oreilles écartées. Coiffé d'un bonnet blanc, vêtu d'étoffe blanche rude, les pieds nus. Il se nourrit de riz, de fruits, il ne boit que de l'eau, il couche sur le plancher, il dort peu, il travaille sans cesse. Son corps ne semble

---

1. C'est le sens littéral de ce nom, qui fut décerné à Gandhi par le peuple de l'Inde : *Mahâ*, grande ; *Atmâ*, âme. Le mot remonte aux Upanishads, où il désigne l'Etre suprême, et, par communion de connaissance et d'amour, ceux qui s'unifient à lui :

Il est l'Un lumineux, le Créateur de Tout, le Mahâtmâ,
Toujours dans le cœur des peuples établi,
Révélé par le cœur, par l'intuition, par l'intelligence.
Celui qui le connaît, il devient immortel.

Tagore, visitant en décembre 1922 l'Ashram (retraite favorite de Gandhi), cita ce beau verset, en l'appliquant à l'apôtre.

pas compter. Rien ne frappe en lui, d'abord, qu'*une expression de grande patience et de grand amour.* Pearson, qui le voit en 1913, au Sud-Afrique, pense à François d'Assise. Il est simple comme un enfant [1], doux et poli même avec ses adversaires [2], d'une sincérité immaculée [3]. Il se juge avec modestie, scrupuleux au point de paraître hésiter et de dire : « Je me suis trompé » ; ne cache jamais ses erreurs, ne fait jamais de compromis, n'a aucune diplomatie, fuit l'effet oratoire, ou mieux n'y pense pas [4] ; répugne aux manifestations populaires que sa personne déchaîne, et où sa chétive stature risquerait, certains jours, d'être écrasée, sans son ami Maulana Shaukat Ali, qui lui

---

1. C.-F. Andrews, qui ajoute : « Il rit comme un enfant, et il adore les enfants ».

2. « Peu d'hommes peuvent résister au charme de sa personnalité. Ses plus violents adversaires sont rendus courtois par sa belle courtoisie ». (Joseph J. DOKE).

3. « Tout écart de la vérité, même en passant, lui est intolérable ». (C.-F. ANDREWS).

4. « Il n'est pas un orateur passionné ; sa manière est calme et lente ; il s'adresse surtout à l'intelligence. Mais sa tranquillité place les sujets sous le jour le plus limpide. Ses inflexions de voix sont peu variées, mais d'une sincérité intense. Jamais il n'agite les bras, il remue rarement un doigt en parlant. Sa parole lumineuse, qui s'exprime par sentences nerveuses, emporte la conviction. Il ne lâche aucun point, avant d'être sûr qu'il est bien compris ». (Joseph J. DOKE).

fait un rempart de son corps athlétique ; *littéralement malade de la multitude qui l'adore*[1] ; au fond, ayant la méfiance du nombre et l'aversion de la *Mobocracy*, de la populace lâchée ; il ne se sent à l'aise que dans la minorité, et heureux que dans la solitude, écoutant la *still small voice* (la petite voix silencieuse), qui commande[2]...

Voici l'homme qui a soulevé trois cent millions d'hommes, ébranlé le British Empire, et inauguré dans la politique humaine le plus puissant mouvement depuis près de deux mille ans.

1. *Young India*, 2 mars 1922. (Les dates citées au bas des pages de cette Etude se réfèrent aux articles de Gandhi publiés dans le vol. *Young India*).

2. *Ibid.*

De son vrai nom, Mohandas Karamchand Gandhi, il est né dans un petit État semi-indépendant, au nord-ouest de l'Inde, à Porbandar, *la ville blanche*, sur la mer d'Oman, le 2 octobre 1869. Race ardente, remuante, hier encore agitée par les guerres civiles. Race pratique, ayant le sens des affaires, et rayonnant pour son commerce d'Aden à Zanzibar. Son grand-père et son père furent tous deux premiers-ministres, tous deux disgraciés pour leur indépendance, forcés de fuir, et leur vie menacée. Il sortait d'un milieu riche, intelligent, cultivé, mais non de la caste supérieure. Ses parents appartenaient à l'école Jain de l'Hindouisme, dont un des grands principes est l'*Ahimsâ*[1], qu'il devait victorieusement affirmer dans le monde.

---

1. *A* : privatif, *Himsâ*, faire du mal. Non-injure à toute vie. Non-violence. Un des plus anciens principes de la religion hindoue, particulièrement affirmé par Mahâvira, fondateur du Jaïnisme, par Buddha, ainsi que par les champions du culte de Vishnu, qui eut beaucoup d'influence sur Gandhi.

Pour les Jaïnistes, l'amour plus que l'intelligence est la voie qui mène à Dieu. Le père du Mahâtmâ n'attachait aucun prix à l'argent, et en laissa peu aux siens, ayant presque tout dépensé en charités. La mère, sévèrement religieuse, était une Sainte Elisabeth hindoue, jeûnant, faisant l'aumône et veillant les malades. On lisait régulièrement le Râmâyana, dans la famille. Sa première éducation fut confiée à un Brahmane, qui lui faisait répéter les textes de Vishnu[1]. Mais plus tard, il s'est plaint de n'avoir jamais été grand clerc en sanscrit : une de ses rancunes contre l'éducation anglaise, qui lui fit perdre les trésors de sa langue. Il est cependant très instruit des Écritures hindoues ; mais il ne lit les Vedas et les Upanishads que dans des traductions[2].

Il passa par une grave crise religieuse, tandis qu'il était encore à l'école. Par révolte contre l'hindouisme idolâtre et dégénéré,

1. Il étudia jusqu'à sept ans à l'école élémentaire de Porbandar, puis à l'école publique de Rajkot ; après dix ans, à la High School de Katyavar, enfin à dix-sept ans à l'Université d'Ahmedabad.

2. Il a raconté son enfance, dans un discours familier, à la Conférence des classes intouchables (parias), le 13 avril 1921.

il fut — il crut être — pendant quelque temps un athée. Avec des camarades, il alla, dans son impiété, jusqu'à manger de la viande en cachette (le plus affreux des sacrilèges, pour un Hindou !) Il en faillit mourir d'horreur et de dégoût[1].

Marié encore enfant[2], il alla, à dix-neuf ans, compléter ses études en Angleterre, à l'Université de Londres et à l'Ecole de Droit. Sa mère ne consentit à le laisser partir qu'après lui avoir fait prendre les trois vœux Jaïns qui obligent à l'abstention du vin, de la viande et des relations sexuelles.

Il arriva à Londres, en septembre 1888. Après les premiers mois d'incertitude et de déceptions — il avait gaspillé naïvement beaucoup de temps et d'argent, pour devenir, dit-il, un gentleman anglais, — il s'astreignit à une vie stricte et à un travail sévère. Des

---

1. Plus tard, il fit part de ses transes à Joseph J. Doke. Il en perdit le sommeil ; il se croyait un meurtrier

2. Fiancé à huit ans, marié à douze ans. Par la suite, il combattit les mariages d'enfants, où il voit une cause de ruine pour la race. Cependant, il ajoute qu'exceptionnellement une telle union pour la vie, commencée avant que le caractère soit formé, peut produire entre les époux une merveilleuse unité d'âme. Son propre mariage en a été un exemple admirable. Mme Gandhi a partagé toutes les épreuves de son mari, avec une fidélité et un courage qui ne se sont jamais démentis.

amis lui firent connaître la Bible ; mais l'heure n'était pas encore venue pour lui de la comprendre. Il fut lassé par les premiers livres, et n'alla pas plus loin que l'Exode. Au contraire, ce fut à Londres qu'il découvrit la beauté de la Bhagavad Gîtâ. Il en fut enivré. Elle était la lumière dont avait besoin le petit Indien exilé. Elle lui rendit la foi. Il reconnut que « pour lui, le salut était possible seulement par la religion hindoue[1] ».

Il retourna aux Indes, en 1891. Triste retour. Sa mère venait de mourir, et on lui avait caché la nouvelle. Il devint avocat à la Haute-Cour de Bombay. Quelques années plus tard, il devait renoncer à sa profession, qu'il jugea immorale. Même aux temps où il la remplit, il se réservait le droit d'abandonner une cause, quand l'injustice lui en apparaissait.

Déjà à cette époque, de grandes personnalités indiennes éveillaient en lui des pressentiments de sa mission future : « *le roi sans couronne* » de Bombay : le Parsi Dadabhai, et le professeur Gokhale, tous deux

1. Discours du 13 avril 1921.

brûlant d'un religieux amour pour l'Inde : Gokhale, un des meilleurs hommes d'État de sa patrie, et des premiers à restaurer l'éducation indienne ; Dadabhai, fondateur du nationalisme indien (au témoignage de Gandhi)[1] ; tous deux aussi, maîtres de sagesse et de douceur. Ce fut Dadabhai qui, contrôlant l'ardeur juvénile de Gandhi, lui donna en 1892 sa première leçon pratique de *Ahimsâ* dans la vie publique : la passivité héroïque, s'il est possible de joindre ces deux mots, l'élan passionné de l'âme qui résiste au mal, non par le mal, mais par l'amour. Nous reviendrons sur cette parole magique, sublime message que l'Inde adresse au monde.

C'est en 1893 que commence l'action indienne de Gandhi. Elle se divise en deux périodes. De 1893 à 1914, elle a pour champ l'Afrique du Sud. Depuis 1914, elle s'exerce sur l'Inde.

---

1. Ces Précurseurs, dont la hardiesse politique a été bien dépassée, ont souffert de l'ingratitude et de l'oubli des générations nouvelles. Mais Gandhi leur est resté fidèle, particulièrement à Gokhale, avec qui il était lié par une pieuse affection. A diverses reprises, il impose son nom et celui de Dadabhai à la vénération de la Jeune Inde. (Voir *Hind Swaraj*, la *Lettre aux Parsis* du 23 mars 1921, et la *Profession de foi* du 13 juillet 1921).

Que cette action de vingt ans au Sud-Afrique n'ait pas eu plus de retentissement en Europe, est une preuve de l'incroyable étroitesse d'horizon de nos hommes politiques, de nos historiens, de nos penseurs et de nos hommes de foi : car c'est une épopée de l'âme, sans égale en notre temps, non seulement par la puissance et la constance du sacrifice, mais par sa victoire finale.

En 1890-91 se trouvaient installés dans l'Afrique du Sud, principalement au Natal, 150.000 Indiens. L'afflux de ce peuple étranger provoqua dans la population blanche une xénophobie, que le gouvernement se chargea d'interpréter par des mesures d'ostracisme. Il voulut interdire l'immigration des Asiatiques, et forcer à partir ceux qui étaient établis dans le pays. Des persécutions systématiques leur rendirent la vie intolérable : taxes accablantes, humiliantes obligations de police, outrages publics, et bientôt lynchages, pillages et destructions, sous l'égide de la civilisation blanche.

En 1893, Gandhi arriva en Sud-Afrique, appelé à Pretoria pour plaider une cause importante. Il était dans l'ignorance complète de la situation des Indiens en Afrique. Dès ses premiers pas à Natal, mais surtout au Transvaal hollandais, il fit des expériences cruelles. Cet Hindou de haute race, qui avait toujours été bien traité en Angleterre et qui, jusque-là, considérait les Européens comme des amis, se trouva en butte aux plus grossières avanies, jeté à la porte des hôtels et des trains, insulté, souffleté, frappé à coups de pied. Il fût reparti sur-le-champ pour l'Inde, s'il n'avait eu un contrat qui le liait pour douze mois avec ses clients. Pendant ces douze mois, il apprit la maîtrise sur soi-même. Mais le terme venu, il avait hâte de repartir, quand il sut que le gouvernement préparait un projet de loi qui enlevait aux Indiens leurs dernières franchises. Les Indiens d'Afrique étaient sans forces pour lutter, sans volonté, inorganisés, démoralisés. Il leur fallait un chef, une âme. Gandhi se dévoua. Il resta.

Alors, s'ouvre la lutte épique d'une conscience contre la force de l'État et de la masse brutale. Encore avocat à cette époque, il commença par démontrer juridiquement l'illégalité de l'Acte d'exclusion asiatique ; et, contre la plus virulente opposition, il gagna sa cause, en droit, sinon en fait, devant l'opinion de Natal et de Londres. Il fait signer d'énormes pétitions, suscite le Congrès indien de Natal, forme une Association d'éducation indienne ; un peu plus tard, il fonde un journal, *Indian Opinion*, publié en anglais et en trois langues indiennes. Puis, voulant assurer à ses compatriotes un régime honorable en Afrique, afin de mieux les défendre, il se rend pareil à eux. Il avait à Johannesburg une clientèle lucrative[1] : il l'abandonna pour épouser, comme François, la Pauvreté. Avec les Indiens misérables et persécutés, il fait vie commune ; il partage leurs épreuves, et il les sanctifie : car il leur impose la loi de Non-Résistance. Il crée, en 1904, à Phœnix, près de Durban, une colonie agricole, sur les plans de Tolstoy, qu'il admirait[2]. Il y rassemble les Indiens, leur fournit des terrains, et leur fait prendre le vœu solennel de pauvreté. Lui-même se

1. Il gagnait, dit Gokhale, 5 à 6.000 livres par an. Dorénavant, il vécut de trois livres par mois.

2. *The Golden Number of Indian Opinion*, publié à Phœnix, en 1914, reproduit une longue lettre de Tolstoy à Gandhi, écrite le 7 septembre 1910, peu avant sa mort. Tolstoy avait lu l'*Indian Opinion*, et il se réjouissait de ce qu'il y avait appris des non-résistants Indiens. Il encourage le mouvement et dit

charge des tâches les plus serviles. Là, pendant des années, ce peuple silencieux résiste au gouvernement. Il s'est retiré des villes ; la vie industrielle du pays en est paralysée. C'est une grève religieuse, contre laquelle toute violence se brise, comme celle de la Rome impériale contre les premiers Chrétiens. Mais bien peu de ces chrétiens auraient porté la doctrine de pardon et d'amour jusqu'au point de venir, comme Gandhi, au secours de leurs persécuteurs menacés. Chaque fois que l'État du Sud-Afrique se trouva aux prises avec de graves dangers, Gandhi suspendit la non-participation des Indiens aux services publics, et offrit aussitôt son aide. En 1899, pendant la guerre des Boers, il forma une Croix-Rouge indienne, qui fut deux fois citée à l'ordre du jour, avec éloges pour sa bravoure sous le feu. En 1904, la peste éclata à Johannesburg : Gandhi organisa un hôpital. En 1906, les indigènes

---

que « la non-résistance est la loi de l'amour, c'est-à-dire l'aspiration à la communion des âmes humaines ». C'est la loi promulguée par Christ et les sages du monde entier.

Notre ami Paul Birukoff a retrouvé dans l'Archive Tolstoy, à Moscou, d'autres lettres de Tolstoy à Gandhi. Il va les publier, avec une collection de lettres de Tolstoy à des Asiatiques, sous le titre général : *Tolstoy et l'Orient*.

se soulevèrent au Natal : Gandhi prit part à la guerre, à la tête d'un corps de brancardiers, et le gouvernement de Natal l'en remercia publiquement.

Ces services chevaleresques ne désarmaient pas la fureur xénophobe. Jeté en prison à diverses reprises[1] — (et même peu après les remerciements officiels pour la guerre du Natal) — condamné à la réclusion et aux travaux forcés, bâtonné par la populace furieuse[2], une fois laissé pour mort, Gandhi connut toutes les souffrances et toutes les humiliations. Rien n'altéra sa foi. Elle grandit par l'épreuve. C'est en 1908 qu'il écrivit, en réponse à l'école de la violence dans l'Afrique du Sud, son fameux petit livre : *Hind Swarâj* (*Home Rule Indien*), l'Évangile de l'amour héroïque[3].

La lutte se maintint pendant vingt ans, et elle atteignit son maximum d'âpreté entre

1. Il a raconté lui-même, avec une tranquille bonhomie, ses expériences de prison, en un curieux article, reproduit dans le volume : *Speeches and writings of M. K. Gandhi*, Natesan, Madras, pages 152-178.

2. En 1907, par ses propres compatriotes ; car il eut à la fois à souffrir de la violence des oppresseurs et de celle des opprimés ; à ceux-ci la modération de Gandhi était suspecte, et le gouvernement faisait ce qu'il pouvait pour le compromettre.

3. J'y reviendrai plus loin.

1907 et 1914. Le gouvernement du Sud-Afrique avait fait passer précipitamment un nouvel Acte asiatique, malgré l'opposition des Anglais éclairés. Alors, Gandhi organisa la Non-Résistance, dans toute son ampleur. En septembre 1906, à Johannesburg, fut prêté solennellement par les Indiens réunis le serment de « Résistance passive ». Tous les Asiatiques, de toute race, de toute caste, de toute religion, riches et pauvres, y apportèrent la même abnégation ; les Chinois d'Afrique s'unirent étroitement aux Indiens. On les emprisonna par milliers ; faute de prisons assez grandes, on les enferma dans les mines. Mais la prison semblait exercer un attrait sur eux. Le général Smuts, qui les persécutait, leur avait donné le nom de *Conscientious Objectors.* Gandhi fut incarcéré trois fois [1]. Il y eut des morts, des martyrs. Le mouvement grandit. En 1913, il s'étendit du Transvaal au Natal. De formidables grèves, des meetings pas-

1. Joseph J. Doke, dont les entretiens avec Gandhi au Transvaal sont si révélateurs, termine son livre en octobre 1908, sur la vision de Gandhi en costume de forçat, conduit au fort de Johannesburg, et jeté dans un cachot avec d'ignobles criminels Chinois de droit commun.

sionnés, une marche en masse des Indiens à travers le Transvaal, surexcitèrent l'opinion en Afrique et en Asie. L'indignation gagna l'Inde, et le vice-roi, lord Harding, s'en fit lui-même, à Madras, l'interprète retentissant.

L'indomptable ténacité et la magie de *la grande âme* opéraient : la force plia les genoux devant l'héroïque douceur[1]. Le plus acharné contre la cause indienne, le général Smuts qui, en 1909, déclarait qu'il n'effacerait jamais du Livre des Statuts une mesure injurieuse pour les Indiens, s'avoua, cinq ans après, heureux de la faire disparaître[2]. Une Commission impériale donna raison à Gandhi sur presque tous les points. En 1914, un Acte supprima l'impôt de trois livres, et accorda la liberté de résidence dans le Natal à tous les Indiens qui voulaient y rester comme travailleurs libres. Après vingt ans de sacrifices, la Non-Résistance avait vaincu.

1. L'intervention de deux nobles Anglais : C.-F. Andrews et W.-W. Pearson, seconda efficacement les efforts de Gandhi.
2. Gandhi rappelle le fait, dans un article du 12 mai 1920.

Gandhi retourna dans l'Inde, avec le prestige d'un chef.

Le mouvement d'indépendance nationale s'y annonçait, depuis le commencement du siècle. Une trentaine d'années avant, le Congrès National Indien avait été fondé par quelques Anglais intelligents : A. O. Hume, sir William Wedderburn, libéraux victoriens, qui longtemps lui avaient maintenu un caractère loyaliste, tâchant de concilier les intérêts de l'Inde avec la souveraineté anglaise. La victoire du Japon sur la Russie réveilla l'orgueil asiatique, et les provocations de lord Curzon blessèrent les patriotes indiens. Au sein du Congrès se forma un parti extrémiste, dont le nationalisme agressif trouva des échos dans le pays. Pourtant, le vieux parti constitutionnel resta, jusqu'à la guerre mondiale, sous l'influence de J. H. Gokhale, sincèrement patriote, mais fidèle à l'Angleterre et le sentiment national, qui dès lors pénétrait cette Assemblée des représentants de l'Inde, les acheminait tous vers la revendication d'un Home Rule (*Swarâj*), sur le sens duquel ils n'étaient pas d'accord : ceux-ci, s'accommodant de la coopération anglaise, ceux-là voulant chasser de l'Inde les Européens ; les uns prenant modèle sur le Canada et l'Afrique du Sud, les autres sur le Japon. Gandhi apportait sa solution, moins politique que religieuse, plus radicale au fond que toutes les autres (*Hind Swarâj*). Il lui manquait, pour l'adapter aux réalités pratiques, une connaissance exacte du milieu ; car, si sa longue mission au Sud-Afrique lui avait été une expérience prodigieuse de l'âme hindoue et de l'arme irrésistible de l'*Ahimsâ*, il était resté vingt-trois ans éloigné de son pays. Il se recueillit et observa[1].

Il était encore si loin de songer à la révolte contre l'Empire que, lorsque la guerre éclata, en 1914, il se rendit en Angleterre, pour y lever un corps d'ambulanciers. « Il croyait honnêtement (écrit-il en 1921) qu'il était

1. Son maître aimé, Gokhale, qui venait de mourir, lui avait fait promettre qu'il ne se mêlerait pas à la politique active, avant d'avoir, au moins pendant un an, fait le tour de l'Inde et revu de près son peuple, avec qui il avait perdu contact.

citoyen de l'Empire. » Il le rappellera, maintes fois, dans ses lettres de 1920 *à tous les Anglais de l'Inde* : « Chers amis, nul Anglais n'a coopéré plus étroitement que moi à l'Empire, pendant vingt-neuf ans d'activité publique. J'ai mis ma vie quatre fois en danger pour l'Angleterre... Jusqu'en 1919, j'ai parlé pour la coopération, avec une conviction sincère... »

Il n'était pas le seul. L'Inde entière s'était laissée prendre, en 1914, à l'idéalisme hypocrite de la guerre du Droit. En sollicitant son concours, le gouvernement anglais avait fait miroiter à ses yeux de grandes espérances. Ce Home Rule, tant désiré, était présenté comme un des enjeux de la guerre. En août 1917, l'intelligent secrétaire d'État pour l'Inde, E. S. Montagu, promit à l'Inde un gouvernement responsable ; une consultation de l'Inde eut lieu, et en juillet 1918, le vice-roi, lord Chelmsford, signait avec Montagu un rapport officiel sur la réforme constitutionnelle. Le danger était grand pour les armées alliées, en ces premiers mois de 1918. Lloyd George avait, le 2 avril, adressé un Appel au peuple de l'Inde ; et la Conférence de guerre, réunie à Delhi à la fin du même mois, laissa entendre que l'indépendance de l'Inde était proche. Aussi, l'Inde répondit-elle en masse, et Gandhi, une fois de plus, prêta à l'Angleterre l'aide de sa loyauté. L'Inde fournit 985.000 hommes ; elle fit d'immenses sacrifices. Et elle attendit, confiante, le prix de sa fidélité.

Le réveil fut terrible. Vers la fin de l'année, le danger était passé ; passée aussi la mémoire des services rendus. L'armistice conclu, le Gouvernement ne se donna plus la peine de feindre. Bien loin d'accorder des libertés à l'Inde, il suspendit celles qui existaient. Les Bills Rowlatt, présentés au Conseil Impérial Législatif de Delhi, en février 1919, témoignèrent d'une injurieuse méfiance pour le pays qui venait de donner tant de gages de son loyalisme ; ils perpétuaient les dispositions de l'Acte de Défense de l'Inde pendant la guerre, rétablissant la police secrète, la censure, toutes les tracasseries tyranniques d'un véritable état de siège.

Ce fut, dans l'Inde déçue, un sursaut indigné. La révolte commença[1]. Gandhi l'organisa.

---

1. On peut dater du 28 février 1919 les débuts du mouvement *Satyâgraha*.

Il s'était cantonné, pendant les années précédentes, dans les réformes sociales, s'occupant surtout d'améliorer la condition des travailleurs agricoles. Et, sans qu'on y eût pris garde, il avait fait, dans les troubles agraires de 1918, à Kaira dans le Gujerat, à Champaran dans le Behar, l'essai victorieux de l'arme formidable qu'il allait bientôt employer aux luttes nationales : cette Non-résistance passionnée, qui lui est propre, et que nous étudierons plus loin, sous le nom qu'il lui a donné de *Satyâgraha*.

Mais il était resté jusqu'en 1919 au second rang, et un peu à l'écart du mouvement national indien, dont les éléments avancés, réunis en 1916 par Mrs Annie Besant (bientôt dépassée), reconnaissaient maintenant pour chef le grand hindou Lokamanya Bal Gangadhar Tilak. Homme d'une rare énergie, unissant en un faisceau de fer la triple grandeur de l'intelligence, de la volonté et du caractère, un plus vaste cerveau que Gandhi, plus solidement nourri de la vieille culture asiatique, savant, mathématicien, érudit, ayant sacrifié toutes les exigences de son génie au service de sa patrie, et, dénué comme

Gandhi de toute ambition personnelle, n'attendant que la victoire de sa cause pour se retirer de la scène et reprendre son labeur scientifique. Il fut, tant qu'il vécut, le chef incontesté de l'Inde. Que se serait-il passé, si une mort prématurée ne l'eût enlevé, en août 1920 ? Gandhi, qui s'inclinait devant la souveraineté de son génie, différait profondément de lui sur la méthode politique, et, sans doute, n'eût-il gardé, Tilak vivant, que la direction en quelque sorte religieuse du mouvement. Quel eût été l'élan des peuples de l'Inde, sous ce double commandement ! Rien n'aurait pu lui résister, car Tilak possédait la maîtrise de l'action, comme Gandhi des forces intérieures. Le sort en a décidé autrement : on a pu le regretter, pour l'Inde, et pour Gandhi lui-même. Le rôle de chef de la minorité, de l'élite morale, eût mieux répondu à sa nature et à ses secrets désirs. Il eût laissé volontiers à Tilak la direction de la majorité. Il n'a jamais eu la foi en la majorité. Cette foi, Tilak la possédait. Ce mathématicien d'action croyait au nombre. Il était démocrate-né. Il était, aussi, résolument politique, sans égards aux exigences de la religion. Il disait que « la politique n'était pas pour les *Sâdhus* » (les saints, les hommes pieux). Ce savant eût sacrifié, déclarait-il, même la vérité à la liberté de son pays. Et cet homme intègre, dont la vie fut d'une pureté sans tache, n'hésitait pas à dire que tout était juste en politique. On peut croire qu'entre une telle personnalité et celle des dictateurs de Moscou des rapports de pensée eussent été possibles. Mais la pensée de Gandhi y est irréductible[1]. Les discussions entre Tilak et Gandhi n'ont fait, en affirmant leur profonde estime mutuelle, qu'établir l'opposition de leurs méthodes, — c'est-à-dire, en des hommes aussi absolument sincères, chez qui les formes de l'action sont calquées sur celles de la pensée, — l'opposition des impératifs qui dominent leur existence. En face de Tilak, Gandhi proclame qu'obligé au choix, il sacrifierait la liberté à la vérité. Et quelque amour religieux qu'il ait pour son pays, il met sa religion plus haut encore que le pays :

« Je suis marié à l'Inde, je lui dois tout. Je crois

1. Il s'est prononcé nettement contre le Bolchevisme. (24 novembre 1921).

que je puisse prétendre connaître... Je sais les vices actuels qui souillent les grands sanctuaires hindous; mais j'aime ceux-ci malgré tout... Réformateur jusqu'au bout, je ne rejette pourtant aucune des croyances essentielles de l'Hindouisme ».[1]

Quelles sont donc ces essentielles vérités, auxquelles il donne son adhésion? Il les énumère expressément dans un article du 6 octobre 1921, qui est son *Credo* public :

« 1. Je crois aux Vedas, aux Upanishads, aux Puranas, et à tout ce qui est compris sous le nom d'Écritures hindoues, et par conséquent je crois aux Avatârs et aux renaissances;

« 2. Je crois aux *Varnâshrama Dharma*[2] (Discipline des Castes), mais au sens strictement védique, et non pas actuel, populaire et grossier;

« 3. Je crois à la protection de la vache, dans un sens beaucoup plus large que le sens populaire;

« 4. Je ne désavoue pas le culte des idoles. »

Tout Européen qui s'arrêtera, dans sa lecture, à ces lignes du *Credo* jugera que la mentalité qui s'y exprime est si différente de la nôtre, si strictement enfermée dans un corps de doctrines religieuses et sociales, lointaines dans le temps, lointaines dans

1. 6 octobre 1921.

2. Étymologiquement : *Varna* : couleur, classe ou caste; *ashrama* : lien de discipline; *dharma* : religion. La société est représentée comme une discipline de classes. C'est le fondement de l'Hindouisme.

l'espace, sans mesure commune avec notre intelligence, qu'il est vain de poursuivre. Qu'il continue pourtant ! Il trouvera, quelques lignes plus bas, ceci qui lui sera plus familier :

« Je crois à l'aphorisme hindou, que nul ne connaît vraiment les Shâstras, qui n'ait atteint la perfection dans l'Innocence (*Ahimsâ*), dans la Vérité (*Satya*), dans la maîtrise de soi (*Brahmacharya*), et qui n'ait pas renoncé à toute acquisition et possession de richesses. »

Ici, la parole de l'Hindou rejoint celle de l'Évangile. Et Gandhi avait conscience de cette parenté. Son *Ethical Religion* s'achève par une citation du Christ[1]. Un pasteur anglais le questionnant, en 1920, sur les livres dont il avait reçu la plus forte influence, il répondit d'abord : *Le Nouveau Testament*[2]. Bien plus, c'est de son propre aveu[3], au Sermon sur la Montagne, qu'il dut en 1893 la révélation de la Résistance Passive. Son interlocuteur lui demanda, surpris :

---

1. « *Cherchez le royaume de Dieu et la Justice, et le reste vous sera donné par surcroît.* »
2. *Young India*, 25 février 1920.
3. A Joseph J. Doke, en 1908.

Il fut même très près de se faire chrétien, en Sud-Afrique. Mais la lecture des livres bouddhiques, en le satisfaisant plus pleinement, le retint dans l'hindouisme.

« — Ne l'aviez-vous pas eue avant, par la lecture des livres hindous ?

— Non, insiste Gandhi. Je connaissais et j'admirais, avant, la Bhagavad Gîtâ. Mais ce fut le Nouveau Testament qui m'éveilla à la valeur de la Résistance Passive. Je débordais de joie, en le lisant. La Bhagavad Gîtâ fortifia cette impression ; et *Le Royaume de Dieu est en vous*, de Tolstoy, lui donna une forme durable. »[1]

Il ne faut pas oublier, en effet, que ce croyant asiatique est nourri de Tolstoy[2],

---

1. Il dit encore à Joseph J. Doke :

« Dieu s'est incarné, sous des formes diverses, à travers les âges. Dans la Gîtâ, Krishna dit : *Quand la religion tombe en décadence, quand l'irréligion prévaut, alors je me manifeste. Pour la protection du bien, pour la destruction du mal, pour le ferme établissement du Dharma, je renais encore et toujours.*

« Le Christianisme fait partie de ma théologie. Le Christ est une resplendissante révélation de Dieu. Mais non la révélation unique. Je ne le vois pas sur un trône solitaire... »

2. La brochure de l'*Hind Swarâj* contient, à la fin, une liste dressée par Gandhi de six ouvrages de Tolstoy, qu'il conseille de lire (notamment : *Le Royaume de Dieu est en vous. Qu'est-ce que l'Art? Que faire?*) — Il parle à Joseph J. Doke de la profonde influence que Tolstoy exerça sur lui. Mais il ajoute qu'il ne l'a pas suivi dans ses idées politiques. — A une question qui lui est posée, en 1921 : « Dans quels rapports êtes-vous avec le comte Tolstoy ? » Gandhi répond dans *Young India* (25 octobre 1921) : « Ceux d'un admirateur dévot, qui lui doit beaucoup dans la vie. »

qu'il a traduit Ruskin[1] et Platon[2], qu'il s'appuie sur Thoreau, admire Mazzini, lit Edward Carpenter, et que sa pensée est imprégnée de celles d'Europe et d'Amérique. Il n'y a point de raison pour qu'un Européen se trouve davantage étranger à la sienne, s'il veut prendre la peine de s'en approcher. Alors, il reconnaîtra le sens profond de ces articles du *Credo,* dont la lettre l'étonne. Deux surtout paraissent établir une barrière infranchissable entre l'esprit religieux de l'Inde et celui de l'Europe : le culte de la vache, et le système des castes[3]. Mais voyons ce qu'ils signifient, au regard de Gandhi :

Certes, ce ne sont pas pour lui des articles secondaires, dans l'ensemble de la doctrine. La protection de la vache est la caractéristique de l'Hindouisme. Gandhi y voit même

---

1. Il aimait surtout de Ruskin le livre : *Crown of Wild Olive* (La Couronne d'olivier sauvage).

2. *L'Apologie et la Mort de Socrate*, traduite par Gandhi, fut parmi les livres prohibés par le gouvernement de l'Inde, en 1919.

3. Il n'y a pas lieu de s'arrêter au culte des idoles. « Je n'ai pas de vénération pour elles, écrit Gandhi. Mais cela fait partie de la nature humaine. » Il le considère comme un besoin respectable, inhérent à l'infirmité de l'esprit humain, qui a parfois besoin de matérialiser sa croyance, pour mieux l'adorer. Ce n'est donc rien de plus que ce que nous voyons dans toutes nos églises catholiques.

une des affirmations les plus hautes de l'évolution humaine. Pourquoi ? Parce qu'elle est un symbole de «*tout le monde subhumain*», avec lequel l'homme conclut un pacte d'alliance. Elle signifie « la fraternité entre l'homme et la bête ». Et, selon sa belle expression, « elle emporte l'être humain au-delà des limites de son espèce. Elle réalise l'identité de l'homme avec tout ce qui vit ». Si la vache a été choisie, de préférence aux autres êtres, c'est qu'elle est dans l'Inde le meilleur compagnon, la source d'abondance ; et Gandhi voit en « ce doux animal un poème de pitié. » Mais le culte qu'il lui rend n'a rien d'idolâtrique, et nul ne condamne plus durement le fétichisme sans bonté du peuple de l'Inde, qui n'observe que la lettre sans pratiquer l'esprit de compassion « pour les muettes créatures de Dieu ». Une fois qu'on l'a compris — (et qui l'eût mieux compris que le *poverello* d'Assise !) — on ne peut s'étonner de l'importance qu'y attache Gandhi. Il n'a point tort de dire que la protection de la vache, au sens qu'il lui attribue, « est le don de l'Hindouisme au monde ». Car, au précepte de l'Évangile : *Aime ton prochain comme toi-même*, il ajoute : *Tout ce qui vit est ton prochain.*[1]

Le système des castes est peut-être plus difficile encore à accepter pour une intelligence d'Europe — (tout au moins, de l'Europe d'aujourd'hui : car Dieu sait ce que nous réserve l'avenir d'une évolution qui n'est plus démocratique que de nom !) — Je ne me flatte point de réussir, par l'exposé des explications de Gandhi, à le faire accepter, et je ne le désire point. Mais elles établiront nettement qu'aucune pensée d'orgueil et de suprématie sociale n'inspire cette croyance, mais une pensée de devoir dans le rang qui est assigné à chacun.

« Je suis porté à croire, dit Gandhi, que la loi de l'hérédité est éternelle et que toute tentative pour la changer conduit à l'absolue confusion... Le *Varnâshrama* est inhérent à la nature humaine, et l'Hindouisme l'a simplement réduit en science... »

Mais il limite les classes à quatre seulement : Brahmanes (classe intellectuelle et spirituelle), Kshattriyas (militaire et gouvernementale), Vaishyas (commerciale), et Shu-

1. Sur le culte de la vache, voir dans *Young India* les articles des 18 mars, 8 juin, 29 juin, 4 août 1920, 18 mai, 6 octobre 1921. — Sur les castes, 8 décembre 1920, 6 octobre 1921.

dras (travail et service manuels). Et il n'admet entre elles aucune relation de supériorité ou d'infériorité. Ce sont des vocations différentes : rien de plus. Des devoirs. Point de privilèges[1].

« Il est contre le génie de l'Hindouisme qu'un homme s'assigne un plus haut rang, ou assigne à d'autres un plus bas. Tous sont nés pour servir la création de Dieu, le Brahmane par son savoir, le Kshattriya par sa force protectrice, le Vaishya par son habileté commerciale, le Shudra par son travail corporel. Cela ne veut pas dire qu'un Brahmane soit dispensé du travail corporel, mais qu'il est mieux fait pour le savoir, ni qu'un Shudra ne puisse acquérir tout le savoir, mais qu'il servira mieux avec son corps, et qu'il n'a pas besoin d'envier les fonctions des autres. Un Brahmane qui prétendrait à la supériorité, à cause de son savoir, serait, de ce fait, déchu de son rang, et n'a pas de vrai savoir... Le *Varnâshrama* a pour raison d'être l'économie de l'énergie sociale (sa bonne distribution) et la saine contrainte exercée sur soi par la volonté... »

Il est donc basé sur l' « abnégation », et non sur le privilège. N'oublions pas, d'ailleurs, que, dans la croyance à la transmigration, la nature rétablit l'équilibre, au cours des

1. Quand au cours des âges, les classes primitives se pétrifièrent en castes orgueilleuses, les Upanishads élevèrent leur protestation.

existences successives, en faisant d'un Brahmane un Shudra, et vice versa.

La question des parias n'a aucun rapport avec celle des quatre castes différentes, mais égales. Nous verrons avec quelle passion brûlante Gandhi ne cesse de combattre cette iniquité sociale : et c'est un des côtés les plus émouvants de son apostolat. Elle est pour lui la honte de l'Hindouisme, une déformation abjecte de la vraie doctrine, une souillure, et il en souffre d'une façon intolérable :

« J'aimerais mieux être mis en pièces, écrit-il, que de ne pas reconnaître mes frères des classes refoulées... Je ne désire pas renaître ; mais si je renais, je désire renaître parmi les intouchables, afin de partager leurs affronts et de travailler à leur libération... »[1]

Il adopta une petite intouchable, et il parle avec tendresse de ce charmant diablotin de sept ans, qui faisait dans sa maison la pluie et le beau temps.

J'en ai dit assez pour montrer, sous le vêtement du *Credo* hindou, le grand cœur évangélique. Un Tolstoy plus tendre, plus

1. 27 avril 1921.

apaisé, et, si j'ose dire, plus naturellement « chrétien », au sens universel : car Tolstoy l'est bien moins par nature que par volonté.

Où la ressemblance des deux hommes s'accuse, où peut-être l'influence de Tolstoy a été la plus réelle, c'est dans la condamnation portée par Gandhi contre la civilisation d'Europe.

Depuis Rousseau, le procès de la civilisation n'a cessé d'être fait par les esprits les plus libres d'Europe, et l'Asie réveillée n'avait qu'à puiser dans leurs cahiers de doléances, pour constituer un dossier formidable contre ses envahisseurs. Gandhi n'y a pas manqué, et l'*Hind Swarâj* énumère une liste de ces livres accusateurs, parmi lesquels bon nombre sont écrits par des Anglais. Mais le livre sans réplique, c'est celui que la civilisation d'Europe a écrit elle-même dans le sang des races opprimées, dépouillées et souillées, au nom de principes menteurs ; et ç'a été surtout la révélation éclatante de ce mensonge, de cette avidité, de cette férocité, impudiquement étalés aux yeux du monde par la dernière guerre, dite de la Civilisation. Telle fut l'inconscience de l'Europe qu'elle y convia les peuples d'Asie et d'Afrique, pour voir sa nudité. Ils l'ont vue et jugée.

« La dernière guerre a montré la nature satanique[1] de la civilisation qui domine l'Europe d'aujourd'hui. Toutes les lois de moralité publique ont été brisées par les vainqueurs, au nom de la vertu. Nul mensonge n'a été regardé trop ignoble pour être utilisé. Derrière tous les crimes, le motif est grossièrement matériel... L'Europe n'est pas chrétienne. Elle adore Mammon... »[2]

Vous trouverez de telles pensées vingt fois exprimées depuis cinq ans, aux Indes et au Japon. Même chez ceux qui sont trop prudents pour les énoncer tout haut, cette conviction est inscrite maintenant à l'intérieur du front. Ce n'est pas le moins ruineux résultat de la victoire à la Pyrrhus de 1918. Mais Gandhi n'avait pas attendu 1914 pour voir le vrai visage de la civilisation : elle s'était montrée à lui, sans masque, durant les vingt années au Sud-Afrique. Et, dans son *Hind Swarâj* de 1908, il dénonçait, comme « *le grand vice* », la « Civilisation moderne ».

---

1. C'est un terme qui revient souvent, sous la plume de Gandhi. : « L'intouchabilité (la croyance aux parias) est une invention de Satan ». (19 juin 1921).

2. 8 septembre 1920.

La Civilisation, dit Gandhi, l'est seulement de nom. Elle est, selon une expression de l'Hindouisme, « *l'âge noir, l'âge des ténèbres* ». Elle fait du bien matériel le but unique de la vie. Elle ne s'occupe point des biens de l'âme. Elle affole les Européens, elle les asservit à l'argent, elle les rend incapables de paix et même de vie intérieure ; elle est un enfer pour les faibles et pour les classes travailleuses ; elle mine la vitalité des races. Cette civilisation satanique se détruira elle-même. Le vrai ennemi de l'Inde, c'est elle, bien plus que les Anglais qui, individuellement, ne sont pas méchants, mais malades de leur civilisation. Aussi, Gandhi combat ceux de ses compatriotes qui voudraient chasser les Anglais, pour faire de l'Inde un État « civilisé », à la façon européenne. Ce serait, dit-il, « *la nature du tigre, sans le tigre.* » Non, le grand, « le seul effort requis est de chasser la civilisation d'Occident. »

Il est trois classes d'hommes contre qui Gandhi s'élève avec une âpreté particulière : les magistrats, les médecins et les professeurs.

L'exclusion de ces derniers est explicable, puisqu'ils ont désappris aux Indiens leur propre langue et leur propre pensée ; ils infligent à l'enfant une dégradation nationale. De plus, ils ne s'adressent qu'à l'intellect ; ils ignorent le cœur, ils négligent le caractère. Enfin, ils déprécient le travail manuel ; et c'est un véritable crime qu'une éducation uniquement littéraire, dans un peuple dont 80 % sont agricoles, 10 % industriels. — La profession de magistrat est immorale. Les tribunaux, dans l'Inde, sont un instrument du pouvoir britannique ; ils attisent les dissensions entre les Indiens ; et, d'une façon générale, ils entretiennent et multiplient en tous pays les discussions et les querelles. C'est une exploitation, grassement lucrative, des mauvais instincts. — Quant aux docteurs, Gandhi convient qu'il fut attiré d'abord par leur profession ; mais bientôt il reconnut qu'elle n'était pas honorable. La médecine d'Occident s'occupe uniquement de soulager le corps des malades, nullement d'extirper les causes des maladies, qui sont en grande partie les vices : on peut même dire qu'elle les cultive, en offrant aux vicieux les moyens d'en jouir, aux moindres risques. Elle contribue donc à démoraliser un peuple ; elle l'efféminе, avec ses recettes de « magie noire »[1], qui le détournent d'une discipline héroïque du corps et de l'esprit. A cette fausse médecine d'Occident, que Gandhi a souvent flétrie, avec une violence qui dépasse la mesure, il oppose la vraie médecine préventive, à laquelle il a consacré un de ses petits traités populaires : *A Guide to Health* (*Le Guide de la Santé*), fruit de vingt ans d'expérience. C'est un traité de morale autant que de thérapeutique : car « la maladie est le résultat, non seulement de nos actes, mais de nos pensées » ; et il est relativement simple de donner des règles pour prévenir le mal, « toutes les maladies ayant la même origine, qui est qu'on ne suit pas les lois naturelles de la santé. Le corps est la demeure de Dieu. Il faut le garder pur ». Il y a d'ailleurs dans les prescriptions de Gandhi (avec trop d'obstination à nier des remèdes éprouvés) beaucoup de bon sens, mais un extrême rigorisme moral [2].

1. On ne doit pas oublier qu'un des principaux griefs de Gandhi contre la médecine d'Europe est qu'elle a recours à la vivisection, « ce crime le plus noir de l'homme ».

2. Particulièrement en ce qui concerne les relations sexuelles: sa doctrine sévère rappelle Saint-Paul.

Mais le cœur de la civilisation moderne (âge de fer : cœur de fer), c'est la Machine. Elle est l'Idole monstrueuse. Il faut la rejeter. Le vœu ardent de Gandhi serait que le machinisme moderne fût arraché de l'Inde. A l'Inde libre, mais héritière du machinisme anglais, il préférerait encore l'asservissement de l'Inde au marché anglais.

« Mieux vaut encore acheter le tissu de Manchester qu'installer dans l'Inde les fabriques de Manchester. Un Rockfeller indien ne vaudrait pas mieux que l'autre. Le machinisme est un grand péché, il asservit les peuples... Et l'Argent est un poison, comme le vice sexuel... »

Mais, demandent les Indiens conquis par les idées modernes, que deviendra l'Inde sans les chemins de fer, les trams, les grandes industries ? — N'était-elle pas, avant ? réplique Gandhi. « Depuis des milliers d'années, l'Inde demeure, inébranlable, seule, au milieu du flot changeant des Empires. Tout le reste a passé. Elle a su conquérir, depuis des milliers d'années, la maîtrise de soi et la science du bonheur. Elle n'a en cela rien à apprendre des autres. Elle n'a pas voulu du machinisme et des grandes cités. L'antique charrue, le rouet, l'ancienne éducation indigène, ont assuré sa sagesse et son bien. Il nous faut revenir à la simplicité antique, non d'un seul coup, sans doute, mais peu à peu, patiemment, chacun donnant l'exemple... »[1]

Ceci est le fond de la pensée ; et c'est grave. Elle suppose la négation du Progrès, et presque de la science d'Europe[2]. Cette foi médiévale risque donc de se heurter à la poussée volcanique de l'esprit humain et d'être mise en pièces. Mais d'abord, il serait peut-être prudent de dire, non pas : « de l'esprit humain », mais : « *d'un* esprit humain » ; car si l'on peut croire — (et je crois) — à l'unité symphonique de l'esprit universel, elle est faite de bien des voix diverses, qui suivent chacune sa partie ; et notre jeune Occident, emporté par son rythme, ne songe pas assez qu'il n'a pas toujours mené la symphonie, que sa loi du progrès est sujette à éclipses, à mouve-

1. *Hind Swaraj*, passim.

2. Gandhi tâche de sauvegarder, à défaut de la science européenne, la nécessité des recherches scientifiques et leur stricte discipline. Il admire le zèle et le sacrifice des hommes de science européens, qu'il trouve souvent supérieurs à ceux des hommes de foi hindous. Il respecte l'esprit ; il conteste seulement le chemin que cet esprit a choisi. — Mais en dépit de ces réserves, l'antagonisme est évident. Et là-dessus Tagore, comme nous le verrons, élève une juste protestation contre le médiévalisme de Gandhi.

ments contraires et à recommencements, que l'histoire de la civilisation humaine est, plus exactement, l'histoire *des* civilisations, et que si, dans chaque civilisation, on constate un progrès (variable, chaotique, brisé, parfois arrêté), on ne saurait du tout assurer qu'il y ait eu progrès d'une des grandes civilisations à une autre.

Mais, sans discuter ici le dogme européen du Progrès, et en se tenant simplement au fait que tout le mouvement actuel va contre le vœu profond de Gandhi, il ne faut pas croire que la foi de Gandhi va s'y briser. Ce serait mal connaître l'esprit oriental. Gobineau dit que « les Asiatiques sont en toutes choses beaucoup plus obstinés que nous. Ils attendent des siècles, quand il le faut, et leur idée, après un aussi long sommeil, ne se trouve jamais avoir vieilli ni perdu de ses forces ». Les siècles ne sont pas pour effrayer un Hindou. Gandhi est prêt au succès, dans le cours de l'année. Mais il y est aussi prêt, dans le cours de quelques siècles. Il ne violente pas le temps. Et si le temps s'attarde, il s'attarde avec lui. Si donc, dans son action, il trouve l'Inde insuffisamment préparée à comprendre et à pratiquer les réformes radicales qu'il voudrait lui imposer; il saura adapter son action aux possibilités. Et l'on ne s'étonnera pas d'entendre cet irréconciliable ennemi du machinisme dire, en 1921 :

« Je ne pleurerais pas la disparition des machines; mais je n'ai aucun dessein (actuellement) contre les machines... »[1]

Ou bien :

« La loi de l'amour complet (sans exception ni restriction) est la loi de mon être. Mais je ne prêche pas cette loi finale par les mesures politiques que je préconise... Ce serait se condamner d'avance à l'échec. Attendre que la masse obéisse actuellement à cette loi ne serait pas raisonnable...[2]. Je ne suis pas un visionnaire, je prétends être un *idéaliste pratique.* »[3]

La définition est exacte : il ne demande jamais aux hommes que ce qu'ils peuvent donner. Mais il leur demande tout ce qu'ils peuvent donner. Et ce tout est beaucoup, quand il s'agit d'un peuple comme celui de l'Inde. Peuple formidable, par son nombre[4],

1. 19 janvier 1921.
2. 9 mars 1921.
3. 11 août 1920.
4. Le cinquième de la population du globe.

sa durée, et son âme abyssale. Entre ce peuple et Gandhi, dès les premiers contacts, il s'est fait un accord, ils se comprennent sans parler ; Gandhi sait ce qu'il en peut attendre, et ce peuple attend ce que Gandhi va lui demander.

Entre les deux, d'abord, cette convention formelle : le *Swarâj*[1], le Home Rule de l'Inde.

« Je sais, écrit Gandhi, que le *Swarâj* est le but de la nation, et non la Non-violence... »

Et il va jusqu'à ajouter cette parole, stupéfiante dans sa bouche :

« J'aimerais mieux voir l'Inde libre par la violence qu'esclave enchaînée à la violence des dominateurs. »

Mais, rectifie-t-il aussitôt, c'est supposer l'impossible : car la violence ne peut délivrer l'Inde ; le *Swarâj* ne peut être atteint sans les forces de l'âme, qui sont l'arme propre de l'Inde, l'arme d'amour, la force de vérité, — le *Satyâgraha*[2]. Et le coup de génie de

---

1. Etymologie : *Swa* : « Self », soi-même ; *Râj* : gouvernement, Autonomie. Le mot est aussi vieux que les Vedas ; mais il fut redécouvert et introduit dans le vocabulaire politique par Dadabhai, le maître Parsi de Gandhi.

2. Etymologiquement : *Satya* : juste, droit ; *Agraha* : essai,

Gandhi a été, en les prêchant à son peuple, de lui révéler sa vraie nature et sa puissance cachée.

Le terme de *Satyâgraha* avait été inventé par Gandhi, en Sud-Afrique, pour distinguer son action de la résistance passive. Il faut insister avec la plus grande force sur cette distinction ; car c'est précisément par la « résistance passive » (ou par la « non-résistance ») que les Européens définissent le mouvement de Gandhi. Rien n'est plus faux. Nul homme au monde n'a plus d'aversion pour la *passivité* que ce lutteur inlassable, qui est un des types les plus héroïques du « Résistant ». L'âme de son mouvement est la *Résistance active*, par l'énergie enflammée de l'amour, de la foi et du sacrifice. Et cette triple énergie s'exprime dans le mot de *Satyâgraha*.

Que le couard ne vienne donc pas abriter sa poltronnerie, à l'ombre d'un Gandhi! Gandhi le chasse de sa communauté. Mieux vaut encore le violent que le lâche !

---

tentative ; essai juste. On l'appliqua spécialement à la Non-acceptation de l'injustice. Gandhi le définit (5 novembre 1919) par : « *Se tenir à la vérité ; force de vérité ; force d'amour*, ou *force d'âme* » ; et enfin, « *triomphe de la vérité par la force d'âme et d'amour* ».

« *Là où il n'y a le choix qu'entre lâcheté et violence, je conseillerai violence...*[1]. Je cultive le courage tranquille de mourir sans tuer. Mais qui n'a pas ce courage, je désire qu'il cultive l'art de tuer et d'être tué, plutôt que de fuir honteusement le danger. *Car celui qui fuit commet une violence mentale : il fuit, parce qu'il n'a pas le courage d'être tué en tuant...*[2]. Je risquerais mille fois la violence, plutôt que l'émasculation de toute une race...[3]. Je préférerais de beaucoup voir l'Inde recourir aux armes pour défendre son honneur, plutôt que de rester lâchement témoin de son propre déshonneur... »[4]

« Mais, ajoute-t-il, je sais que la Non-violence est infiniment supérieure à la violence, que le pardon est plus viril que le châtiment. Le pardon est la parure du soldat. Mais s'abstenir de punir n'est pardon que quand existe le pouvoir de punir. Il n'a aucun sens, de la part d'une créature impuissante... Je ne crois pas l'Inde impuissante. Cent mille Anglais ne peuvent effrayer trois cent millions d'êtres humains... Et d'ailleurs, la force n'est pas dans les moyens physiques, elle réside dans une volonté indomptable... Non-violence n'est pas soumission bénévole au malfaisant. Non-violence

---

1. 11 août 1920.
2. 20 octobre 1921.
3. 4 août 1920.
4. 11 août 1920. Une des Observances de l'École Satyâgraha Ashram, fondée par Gandhi, est *l'absence de peur*, « l'âme libérée de la crainte des rois, des peuples, des castes, des familles, des hommes, et des bêtes sauvages, de la mort ».

C'est aussi la quatrième condition de la Résistance non-violente dans l'*Hind Swarâj*. (Les trois autres sont la Chasteté, la Pauvreté, la Vérité).

oppose toute la force de l'âme à la volonté du tyran. Un seul homme peut ainsi défier un empire et provoquer sa chute... »

Mais à quel prix ? *Sa* souffrance. Souffrance, *la grande loi...*

« L'insigne de la tribu humaine...[1]. La condition indispensable de l'être. La vie sort de la mort. Pour que le blé pousse, il faut que la semence périsse. Nul ne s'est jamais élevé sans avoir passé par le feu de la souffrance... Nul ne peut y échapper... Le progrès ne consiste qu'à purifier la souffrance, en évitant de faire souffrir... Plus pure est la souffrance (personnelle), plus grand le progrès...[2]. Non-violence est souffrance consciente... Je me suis permis de présenter à l'Inde l'antique loi du sacrifice de soi, la loi de Souffrance. Les Rishis qui découvrirent la loi de Non-violence, au milieu des pires violences, étaient de plus grands génies que Newton, de plus grands guerriers que Wellington : ils ont réalisé l'inutilité des armes, qu'ils avaient connues... La religion de la Non-violence n'est pas seulement pour les saints, elle est pour le commun des hommes. C'est la loi de notre espèce, comme la violence est la loi de la brute. L'esprit dort dans la brute. La dignité de l'homme veut une loi plus haute : la force de l'esprit... Je veux que l'Inde pratique cette loi, je veux qu'elle ait conscience de son pouvoir. Elle a une âme qui ne peut pas périr. Cette âme peut défier toutes les forces matérielles du monde entier[3]. »

1. 9 mars 1920.
2. 16 juin 1920.
3. 11 août 1920.

Haut orgueil. Son amour fier de l'Inde veut qu'elle répudie l'indigne violence, et qu'elle se sacrifie. La Non-violence est son titre de noblesse. Si elle y renonce, elle est déchue. Et Gandhi n'en pourrait supporter la pensée :

« Si l'Inde faisait de la violence sa foi, je ne tiendrais plus à vivre dans l'Inde ; elle cesserait de m'inspirer aucune fierté. Mon patriotisme est subordonné à ma religion, je me cramponne à l'Inde, comme un enfant au sein maternel, parce que je sens qu'elle me donne la nourriture spirituelle dont j'ai besoin. Quand cette nourriture manquera, je serai comme un orphelin... Je me retirerai dans les solitudes de l'Himalaya, pour y abriter mon âme en sang... »[1]

---

1. 6 avril 1921.

Mais il ne doute point ; il croit en l'Inde, lorsqu'en février 1919 il décide d'ouvrir sa campagne de *Satyâgraha,* cette arme dont il avait expérimenté la puissance dans les mouvements agraires de 1918.

Nulle couleur de révolte politique. Gandhi est encore loyaliste. Il le restera, tant qu'il conservera une lueur d'espoir en la loyauté de l'Angleterre. Jusqu'en janvier 1920, il défendra — et les nationalistes indiens le lui reprocheront amèrement[1] — le principe de coopération avec l'Empire. Il y porte la conviction de son honnêteté. En cette pre-

---

1. Quelques mois encore avant son emprisonnement, Gandhi répond aux vifs reproches qui lui sont adressés sur « l'illogisme » de sa politique. On rappelle avec dérision le secours qu'il a apporté à l'Angleterre, dans le Sud-Afrique, et pendant la guerre mondiale. A ce moment encore, il ne renie rien de sa conduite passée. Il croyait honnêtement, dit-il, qu'il était citoyen de l'Empire ; son affaire n'était pas de juger le gouvernement ; il trouverait fâcheux que chacun se constituât le juge de son gouvernement. Il a fait crédit à l'intelligence et à l'honnêteté anglaise, aussi longtemps qu'il l'a pu. L'aberration du gouvernement lui a arraché sa confiance. Que le gouvernement en porte la responsabilité ! (17 novembre 1921).

mière année d'opposition au gouvernement de l'Inde, il pourra affirmer en toute sincérité à lord Hunter qu'il voit dans les adeptes au *Satyâgraha* les meilleurs sujets constitutionnels du gouvernement. Il faudra l'entêtement borné du gouvernement de l'Inde pour forcer le guide moral de l'Inde à déchirer le contrat de loyalisme, auquel il se croyait lié.

Ainsi, le *Satyâgraha* se présente au début comme une opposition constitutionnelle, une sommation respectueuse au gouvernement. Le gouvernement a édicté une loi injuste. Les «*Satyâgrahi*», qui, en temps ordinaire, s'inclinent devant les lois, désobéissent délibérément à la loi déshonorante ; et si cela ne suffit point pour rétablir la justice, ils se réservent la faculté d'étendre leur désobéissance à d'autres lois, jusqu'à retirer leur coopération complète à l'État. Mais que le caractère de cette désobéissance est différent de tout ce qu'on entend par ce mot, en Occident ! Quel extraordinaire accent d'héroïsme religieux !

Comme il est interdit aux *Satyâgrahi* d'agir sur l'adversaire par la violence — car on doit admettre que l'adversaire est, lui aussi, sincère : ce qui paraît vérité à l'un, à l'autre peut paraître erreur ; et la violence ne convainc jamais[1], — il faut qu'ils convainquent l'adversaire par le rayonnement d'amour qui émane de leur conviction, par leur abnégation, par leurs souffrances librement, joyeusement acceptées[2]. Propagande irrésistible. Par elle, la croix du Christ et de son petit troupeau a conquis l'Empire.

Afin de mettre en lumière ce religieux élan d'un peuple qui s'offre au sacrifice pour les biens éternels : justice et liberté, le Mahâtmâ inaugura le mouvement[3], en fixant au 6 avril 1919 un jour de prières et de jeûne, un *Hartal*[4] de toute l'Inde en protestation contre l'Acte Rowlatt. Ce fut son premier acte.

Et cet acte toucha au plus profond de la

1. Elle fait pis. Elle dégrade celui qui l'emploie. Les violences des Alliés contre l'Allemagne, dit Gandhi, ont eu pour effet de rendre les Alliés pareils aux Allemands, dont ils flétrissaient les actes, au début de la guerre (9 juin 1920).

2. « Si dure que soit une nature, elle fondra au feu de l'amour. Si elle ne fond pas, c'est que le feu n'est pas assez fort. » (9 mars 1920). Les participants au *Satyâgraha* signent, en masse, l'engagement de refuser l'obéissance aux lois mauvaises que leur désignera le Comité du *Satyâgraha*, de suivre fidèlement la voie de vérité, et de s'abstenir de toute violence à la vie, à la personne et à la propriété.

3. 23 mars 1919.

4. Ce mot hindi signifie : « arrêt de travail en signe de protestation ou de deuil ».

conscience de son peuple. Il eut un effet inouï. Pour la première fois, toutes les classes s'unirent en un même geste. L'Inde s'était retrouvée.

Le calme avait été à peu près général. A Delhi seulement, se produisirent quelques échauffourées[1]. Gandhi s'y rendit, pour éclairer le peuple sur ses devoirs. Mais le gouvernement le fit arrêter en chemin et reconduire à Bombay. Le bruit de l'arrestation souleva, en Punjab, des émeutes populaires. Il y eut à Amritsar des pillages et quelques meurtres. Le général Dyer arriva avec ses troupes, dans la nuit du 11 avril, et occupa la ville. Tout était rentré dans l'ordre. Le 13 était un jour de grande fête hindoue. La foule se rendit à une assemblée sur le lieu dit Jallianwalla Bagh. Elle était paisible et comptait beaucoup de femmes et d'enfants. Le général Dyer avait, dans la nuit précédente, prohibé tout meeting ; mais nul ne connaissait encore l'interdiction. Le général vint avec des mitrailleuses, à Jallianwalla Bagh. Aucune sommation ne fut faite. Trente secondes après

1. Delhi s'était d'ailleurs trompée de date ; elle avait fait son Hartal, dès le 30 mars.

l'arrivée des troupes, le feu fut ouvert sur la foule sans défense ; il dura dix minutes, jusqu'à épuisement des munitions. Le terrain était entouré de hautes murailles ; la fuite était impossible. Cinq à six cents Hindous furent tués, un plus grand nombre blessés. On ne prit aucun souci des morts et des blessés. La loi martiale fut proclamée dans le pays. Un régime de terreur écrasa le Punjab. On vit des avions jeter des bombes sur des foules désarmées. Les plus honorables citoyens furent traînés devant les tribunaux militaires, fouettés, contraints à ramper sur le ventre, soumis à de honteuses humiliations... On eût dit qu'un vent de folie soufflât sur les dominateurs anglais. Comme si la loi de Non-violence, proclamée par l'Inde, eût eu pour premier effet d'exaspérer les violents d'Europe, jusqu'à la frénésie ! Gandhi ne l'ignorait point. Il n'avait pas promis à son peuple de le mener à la victoire, par une route blanche. Il lui avait promis la voie sanglante. Et le jour de Jallianwalla Bagh n'était que le jour du baptême...

« Nous devons être prêts à envisager avec égalité d'âme, leur dit-il, non pas mille assassinats d'hommes et de femmes innocents, mais plusieurs milliers, avant que l'Inde atteigne dans le monde à un rang qui ne sera jamais surpassé... Que chacun regarde la pendaison comme une affaire ordinaire de la vie !...[1] »

La censure militaire réussit à empêcher pendant quelques semaines que les horreurs du Punjab fussent connues au dehors[2]. Mais quand le bruit s'en répandit dans l'Inde, un flot d'indignation parcourut le pays ; et l'Angleterre même s'émut. Une enquête fut ouverte par une Commission, que présidait lord Hunter. Parallèlement, le Congrès National indien forma une sous-commission pour procéder à une contre-enquête. L'intérêt évident du Gouvernement — (tous les Anglais intelligents le comprirent) — eût été de sévir contre les fauteurs du massacre d'Amritsar. Gandhi n'en demandait même pas tant. En son admirable modération, il se refusait à réclamer le châtiment du général Dyer et des autres officiers coupables, tout en les flétrissant. Il ne voulait pas de vengeance.

---

1. 7 avril 1920.

2. De son côté, Gandhi suspendait son mouvement, le 18 avril 1919, pour calmer l'effervescence, au lieu de l'exploiter, comme l'eût fait tout autre révolutionnaire.

Il n'avait pas de rancune... « On n'a pas de rancune contre un fou. Mais il faut lui enlever les moyens de faire du mal... » Il exigeait donc seulement le rappel de Dyer. Mais *quos vult perdere...* Avant les conclusions de l'enquête, le gouvernement de l'Inde se hâta de faire passer une loi d'indemnité (*Indemnity Act*), pour la protection des fonctionnaires ; et les officiers criminels ne furent pas seulement maintenus, ils furent récompensés.

L'Inde était au milieu de cet ébranlement, lorsqu'une seconde affaire, beaucoup plus grave encore que la première, une violation flagrante d'engagements solennels pris par le chef du gouvernement anglais, acheva de ruiner le reste de confiance qu'elle pouvait avoir encore en la bonne foi des Européens et déclencha la grande Révolte.

La guerre d'Europe avait posé aux musulmans de l'Inde un rude problème de conscience. Ils se trouvaient partagés entre leur loyalisme envers l'Empire et leur fidélité au chef de leur religion. Ils ne s'étaient décidés pour l'Angleterre qu'après avoir reçu d'elle la promesse qu'elle n'attenterait pas à la souveraineté du Sultan ou Khalife. L'opinion musulmane exigeait que les Turcs conservassent la Turquie d'Europe, et que le Sultan gardât, avec le contrôle des Lieux Saints de l'Islam, la suzeraineté de l'Arabie telle qu'elle était définie par les savants musulmans, avec ses enclaves de la Mésopotamie, de la Syrie et de la Palestine. Lloyd George et le vice-roi de l'Inde avaient pris des engagements formels. La guerre terminée, de ces engagements il ne resta rien. Au cours de l'été 1919, les Musulmans de l'Inde, inquiets de la paix écrasante qui se brassait, commencèrent à gronder ; et ce fut le début de l'agitation du *Khilafat* (Kalifat).

Elle s'ouvrit, le 17 octobre 1919 (*Khilafat Day*), par une imposante démonstration pacifique, suivie, un mois après (24 novembre), par une Conférence du Khilafat de toute l'Inde, à Delhi. Gandhi la présidait. D'un œil prompt, il avait aussitôt saisi la question musulmane, comme l'instrument le plus propre à opérer l'unité indienne. C'était un gros problème. Les Anglais avaient toujours escompté l'inimitié naturelle entre Hindous et Musulmans ; et Gandhi les accuse même de l'avoir en grande partie créée. Ils n'avaient, en tout cas, rien fait pour la diminuer. Les deux religions se provoquaient puérilement l'une l'autre. Les Hindous ne manquaient pas de chanter en passant devant les mosquées, où le silence est de règle. Et les Musulmans avaient beau jeu à blesser les Hindous dans leur culte de la vache. Il s'en suivait des querelles et des combats continuels qui entretenaient l'animosité. Les deux peuples ne frayaient pas entre eux ; mariages et repas communs leur étaient interdits. Le gouvernement de l'Inde dormait sur la certitude de cette division éternelle. La voix de Gandhi, proclamant l'union, à la conférence du Khilafat, le réveilla en sursaut. Avec une générosité sincère — et d'autant plus habile — Gandhi déclara que les Hindous devaient ne faire qu'un avec les Mahométans, pour la cause musulmane.

« Hindous, Parsis, chrétiens ou Juifs, dit-il, qui que nous soyons, si nous souhaitons de vivre en une seule nation, l'intérêt d'un seul doit être celui de tous. La seule considération qui compte, c'est la justice de sa cause. »

Le sang des Mahométans s'était déjà mêlé à celui des Hindous sur le champ de massacre d'Amritsar. Maintenant, il fallait sceller l'alliance. Une alliance sans conditions. Les Musulmans étaient l'élément le plus hardi de la population de l'Inde. Ils furent les premiers à décider, dans cette Conférence du Khilafat, le refus de coopération avec le gouvernement, s'ils n'obtenaient pas satisfaction. Gandhi les approuva. Toutefois, fidèle à son esprit de modération, il se refusa au boycott des marchandises anglaises, parce qu'il y voyait à la fois une vengeance et une marque de faiblesse. Une seconde conférence du Khilafat, à Amritsar, vers la fin de décembre 1919, résolut d'envoyer une députation en Europe, et fit porter au vice-roi un ultimatum menaçant pour le cas où la paix serait contraire aux volontés de l'Inde. Une troisième Conférence à Bombay, en février 1920, lança un manifeste musulman, qui flétrissait la politique anglaise et annonçait l'orage.

Gandhi le voyait venir ; et, bien loin de l'appeler, il faisait tout pour le retenir.

En Angleterre, il semblait qu'enfin on comprît le danger. Par de tardives concessions, on tâchait de l'arrêter. Un *Acte de*

Réforme Indienne, basé sur les rapports Montagu-Chelmsford, accordait au peuple de l'Inde plus de pouvoirs et de responsabilités dans le gouvernement central et les administrations provinciales. Le Roi, par une proclamation du 24 décembre 1919, y donna son assentiment, convia le peuple et les fonctionnaires indiens à y coopérer, et demanda au vice-roi d'amnistier les condamnés politiques. Gandhi, toujours sensible à la générosité, se montra touché, et, voyant dans ces démarches un engagement tacite pris par l'Angleterre de rendre justice à l'Inde, il conseilla d'accepter les réformes ; il les jugeait incomplètes, mais pensait qu'elles pouvaient être le point de départ de conquêtes légales plus étendues et qu'on devait franchement s'y rallier. Après de vifs débats, son avis prévalut, au Congrès National de toute l'Inde.

Mais ce dernier espoir fut déjoué, comme les autres. Le vice-roi ne tint pas compte de l'appel fait à sa clémence; si les prisons s'ouvrirent pour un grand nombre de condamnés politiques, l'amnistie ne fut pas générale, et il y eut des exécutions, qui surexcitèrent l'Inde. Il devint évident que les promesses de réformes resteraient un leurre.

A ce moment (14 mai 1920), l'Inde apprit les conditions de la paix désastreuse pour la Turquie. Un message du vice-roi reconnaissait qu'elles devaient être pénibles aux cœurs musulmans, mais les engageait à la résignation.

Enfin, en ces mêmes jours, tardivement publié, le rapport officiel de la Commission d'enquête sur les massacres d'Amritsar achevait de soulever la conscience du pays.

C'en fut fait. Les liens étaient rompus.

Le Comité Khilafat, réuni à Bombay, le 28 mai 1920, adopta la Non-coopération, proposée par Gandhi ; et la Conférence hindoue-musulmane d'Allahabad la vota à l'unanimité, le 30 juin 1920 : elle fixait au vice-roi un délai d'un mois pour faire droit à l'ultimatum.

Gandhi écrit lui-même au vice-roi. Il lui notifie le mouvement de Non-coopération. Il explique pourquoi il y a recours ; et les raisons qu'il en donne sont curieuses : car, même à ce suprême instant, il atteste son désir de ne pas rompre avec l'Angleterre, et son espoir de l'amener à résipiscence par une révolte légale :

« Il ne me reste plus, dit-il, que deux seuls partis : ou bien me détacher de l'Angleterre, ou bien, si je crois encore à la supériorité de la Constitution britannique sur les autres Constitutions, obliger le gouvernement à nous rendre justice. Or, je crois encore à la supériorité de la Constitution britannique. *Et c'est pourquoi je conseille la désobéissance.* »

On voit quel grand citoyen de l'Empire l'aveugle orgueil de l'Empire n'a pas su conserver.

II

Le 28 juillet 1920, Gandhi annonce à l'Inde que la Non-coopération sera proclamée le 1er août ; et il prescrit, pour la veille, 31 juillet, un *Hartal* solennel de préparation par le jeûne et les prières. Il ne craint rien de la fureur du gouvernement. Davantage, il redoute la fureur populaire ; et il prend des dispositions pour que l'ordre et la discipline règnent dans les rangs indiens.

« La Non-coopération complète veut une organisation complète. Le désordre vient de la colère. Il faut une absence totale de violence. Toute violence serait un recul pour la cause et un gaspillage inutile de vies innocentes. Avant tout, que l'ordre soit observé ! »

La tactique de la Non-coopération avait été établie, dans les deux mois précédents, par Gandhi et son comité de la *N.-C.* On avait décrété :

1° L'abandon de tous les titres et fonctions honorifiques;

2° La non-participation aux emprunts du gouvernement ;

3° La grève des tribunaux et des hommes de loi ; l'arrangement des litiges par arbitrages privés ;

4° Le boycott des écoles du gouvernement par les étudiants et les familles ;

5° Le boycott des Conseils de Réformes constitutionnelles ;

6° La non-participation aux réceptions du gouvernement et à toutes fonctions officielles ;

7° Le refus de tout poste civil et militaire ;

8° La propagation du *Swadeshi*[1] : c'est-à-dire, après la partie négative du programme, la partie reconstructrice, l'ordre nouveau, sur lequel devait se fonder l'Inde nouvelle. Nous y reviendrons plus loin.

Ce n'était encore qu'une première étape ; et l'on remarquera la prudente sagesse — bien étonnante pour des révolutionnaires européens — de cet homme qui met en branle

1. Étymologiquement : *Swa* : Self, soi-même ; *Deshi* : Fait dans le pays, d'où : objets faits dans le pays. Les adeptes de la non-coopération le prennent surtout dans le sens restreint d'*Indépendance économique*. Mais nous verrons plus loin quel « Evangile social » en font sortir les disciples de Gandhi (*The Gospel of Swadeshi*).

l'énorme machine de la Révolte hindoue, et qui la retient suspendue, d'abord, au premier cran. Il ne s'agit pas ici de *Désobéissance civile*. Gandhi connaît celle-ci. Il l'a étudiée chez Thoreau, qu'il cite dans ses articles, et il a grand soin de la distinguer de la Non-coopération. La désobéissance civile est plus qu'un refus d'obéissance, elle est une violation des lois. « Elle est une infraction, qui ne peut être pratiquée avec succès que par une élite, au lieu que la Non-coopération peut et doit être un mouvement de masse. » Gandhi veut préparer le peuple de l'Inde à la Désobéissance, mais graduellement ; il le sait insuffisamment prêt et ne veut point lui lâcher la bride, avant d'être certain que le peuple a conquis sa possession de soi. Dans ce premier programme de Non-coopération, il n'est même pas question du refus des impôts. Gandhi attend l'heure.

Le 1er août 1920, il donne le signal du mouvement, par une lettre fameuse au vice-roi. Il lui renvoie ses décorations et ses titres d'honneur.

« Ce n'est pas sans chagrin, dit-il, que je renvoie la médaille d'or Kaisar-i-Hind, pour ma tâche humanitaire dans le Sud-Afrique, la médaille de guerre Zoulou, pour mes services comme officier d'un corps d'ambulanciers volontaires hindous en 1906, la médaille de guerre Boer, pour mes services comme aide-surintendant du corps des brancardiers indiens en 1899-1900... » Mais, continue-t-il, après avoir rappelé les événements du Punjab et ceux qui ont motivé le mouvement Khilafat, « je ne puis conserver ni respect ni affection pour un gouvernement entaché de cette immoralité et de ces injustices... Il faut l'amener au repentir... J'ai suggéré la Non-coopération, qui permet de se dissocier du gouvernement et de le contraindre, sans violence. » Et Gandhi exprime l'espoir que le vice-roi réparera l'iniquité, en consultant les chefs reconnus du peuple.

L'exemple de Gandhi fut suivi sur-le-champ. De nombreux magistrats donnèrent leur démission. Des milliers d'étudiants furent retirés des collèges [1]. Les tribunaux perdirent leur prestige. Les écoles se vidèrent. Le Congrès de toute l'Inde, réuni

1. Huit mille, à Lahore.

en session spéciale, à Calcutta, avait dès le commencement de septembre, sanctionné les décisions de Gandhi, à une forte majorité. Gandhi et son ami Maulana Shaukat Ali parcoururent le pays, au milieu des acclamations.

Jamais Gandhi ne se révéla plus maître des millions d'hommes qu'en cette première année d'action. Il lui fallait brider la violence, qui ne demandait qu'à se ruer. Surtout, la violence anarchique de la populace lui faisait horreur. Il n'a pas d'expressions assez dures pour flétrir la « *Mobocratie* » [1], qui lui paraît le pire danger de l'Inde. Il déteste la guerre, mais il la préfère encore au déchaînement de Caliban. — « Si l'Inde recourt à la violence, que ce soit à la violence disciplinée, à la guerre ! En aucun cas, la populace ! [2] » Il se défie même des démonstrations joyeuses et tapageuses, mais confuses, d'où l'on ne sait jamais s'il n'en sortira point la frénésie et des actes sans nom. « Il faut faire surgir l'ordre de ce chaos. Il faut substituer à la populace la loi du peuple. » Et ce mystique aux yeux précis, dont le robuste sens pra

1. Ce que Karl Marx appelle « la Voyoucratie ».
2. 8 septembre 1920.

tique n'est pas inférieur à celui de nos grands mystiques Europeens, organisateurs d'Ordres et dominateurs d'âmes, donne des règles minutieuses pour canaliser le torrent des manifestations populaires.

« Notre faute grave, dit-il, est d'avoir négligé la musique. La musique signifie le rythme et l'ordre. Malheureusement, elle est restée dans l'Inde l'apanage d'un petit nombre. Elle n'a jamais été nationalisée... Il faudrait faire chanter par des groupes des chants nationaux. Que de grands musiciens assistent à tous les Congrès et enseignent la musique de masses ! Rien de plus facile que de dresser la populace qui n'a pas de volonté suivie... »

Suit une liste de prescriptions :

1° Ne pas accepter, dans les grandes manifestations, de volontaires novices. Placer en tête les plus éprouvés ; 2° remettre à chaque volontaire un livret général d'instructions ; 3° convenir de sifflets d'appel entre volontaires ; 4° imposer à la foule l'obéissance aux volontaires, sans discussion ; 5° fixer les cris nationaux et les moments précis où ils doivent être poussés ; ne tolérer aucune infraction à la règle ; 6° obliger la foule à faire la haie sur les routes, de façon à ne pas bloquer le passage des voitures ; lui interdire l'entrée des gares ; ne pas permettre qu'elle amène de petits enfants dans les attroupements... etc.

Bref, Gandhi se fait le chef d'orchestre de ces océans d'hommes.

« La plus rude tâche pour la nation est de discipliner ses manifestations. »[1]

La foule ne veut la violence que par intermittences ; ou plutôt, elle ne sait ce qu'elle veut, elle s'abandonne à de brusques poussées, des élans contradictoires. Mais une partie de l'élite hindoue veut délibérément la violence ; elle ne comprend pas la pensée de Gandhi, ni surtout son efficacité politique. Gandhi reçoit des lettres anonymes, qui le prient de ne pas s'opposer à la violence, ou qui — (suprême affront !) — expriment la cynique croyance que ses paroles ne sont qu'une feinte pour tromper l'ennemi, et qui le pressent de donner le signal du combat. Gandhi répond vivement. Il a des discussions passionnées. En de très beaux articles, il combat *« la doctrine du glaive »* [2]. Il conteste que les Ecritures hindoues et le Coran aient prescrit la violence. La violence n'est le *Credo* d'aucune religion. Jésus est le prince de la résistance passive. La Bhagavad-Gîtâ n'enseigne pas la violence, mais l'accomplisse-

1. 8 et 24 septembre, 20 octobre 1920.
2. 11 août, 25 août 1920.

ment du devoir, au péril de sa vie [1]. « L'homme ne possède pas le pouvoir de créer ; il ne possède donc pas le droit de détruire... » Il faut aimer même celui qui fait le mal : ce qui ne veut pas dire qu'on tolère le mal. Gandhi soignerait le général Dyer, s'il était malade. Mais si son propre fils vivait une vie de honte, « mon amour exigerait, écrit-il, que je lui retire mon soutien, quand même cela signifierait sa mort ». On n'a pas le droit de contraindre le méchant par la force. Mais on a le devoir de lui résister, en se séparant de lui, quoi qu'il en coûte. Et quand l'ennemi se repent, il faut lui ouvrir les bras [2].

Dans le même temps qu'il refrène les violents, il stimule les hésitants. Il rassure ceux qui reculent devant l'action directe :

« Rien n'a été fait sur terre sans action directe. J'ai rejeté les mots : *résistance passive*, pour leur insuffisance... C'est l'action directe qui, dans le Sud-Afrique, a converti le général Smuts... Quelle est la plus grande symbiose qu'aient réalisée Christ et Buddha ? Celle de la force et de la dou-

---

1. Telle est du moins l'interprétation de Gandhi. Un Européen osera-t-il dire qu'il voit dans la *Bhagavad Gîtâ* tout au moins l'indifférence sereine à la violence commise et subie ?

2. 25 août 1920.

ceur. Buddha a porté la guerre dans le camp ennemi, il a fait s'agenouiller une prêtrise arrogante. Christ a chassé les marchands du temple, il a flagellé les hypocrites et les pharisiens. C'est de l'action directe la plus intense... Et en même temps, derrière leurs actes, une douceur infinie... »[1]

Il fait aussi appel au cœur et à la raison des Anglais[2]. Il les nomme ses « chers amis » ; il leur rappelle qu'il a été pendant trente ans leur fidèle compagnon ; il leur demande de faire justice des perfidies de leur gouvernement. « La traîtrise de celui-ci a brisé ma foi en lui. Mais je crois encore à la bravoure anglaise. L'Inde ne peut vous opposer maintenant que la bravoure morale. La Non-coopération est le sacrifice de soi-même. Je veux vous conquérir par mes souffrances... »

Sa campagne de quatre à cinq mois n'eut pas seulement pour objet de paralyser le gouvernement anglais par la Non-acceptation, mais d'organiser une Inde nouvelle, capable de se suffire à elle-même et de se créer, matériellement et moralement, une activité indépendante. Le premier point était de lui assurer l'indépendance écono-

1. 12 mai 1920.
2. « *A tous les Anglais de l'Inde* », 27 octobre 1920.

mique. C'est ce que Gandhi appelle le *Swadeshi*. (Ou plutôt, c'est parmi les divers sens du mot, le plus immédiat et le plus pratique).

Évidemment, il fallait que l'Inde apprît à se priver de beaucoup de satisfactions matérielles, qu'elle acceptât sans plaintes bien des incommodités. Salubre discipline. Hygiène nécessaire. La santé de la race y trouverait son avantage, autant que la loi morale. Il fallait, avant tout, arracher de l'Inde « la malédiction de la boisson », former des groupes de tempérance, boycotter les vins, décider les vendeurs à renoncer à leurs patentes[1]. L'Inde comprit l'appel du Mahâtmâ. Une vague de tempérance passa sur le pays; et il fallut que Gandhi s'interposât, pour empêcher que la foule ne fermât de force et ne saccageât les magasins. Car « il n'est pas permis de rendre les gens purs, par force ».

Mais s'il était relativement facile de renon-

---

1. 28 avril 1920, 8 juin, 1er septembre 1921. Dans sa *Lettre aux Parsis*, qui sont grands commerçants, Gandhi les adjure de fermer leurs magasins de boissons (23 mars 1921). Dans sa *Lettre aux modérés* (8 juin 1921), il leur demande *même* s'ils ne sont pas d'accord avec lui pour le reste du programme, d'appuyer ses efforts sur ce point. En même temps que les boissons, il combat le commerce des *drugs*, des stupéfiants, les fumeries d'opium.

cer au fléau de la boisson, il était autrement grave d'assurer à l'Inde les moyens de subsistance. Comment se nourrirait-elle ? Comment se vêtirait-elle, une fois rejetés les produits européens ? La recette de Gandhi est d'une simplicité extrême, où s'accusent les tendances médiévales de son esprit : il veut qu'on rétablisse dans toutes les familles de l'Inde la vieille industrie domestique du Rouet (*charkâ*).

On a pu tourner en dérision cette solution patriarcale de la question sociale[1]. Mais il faut tâcher de comprendre les conditions spéciales de l'Inde, et le sens exact que Gandhi donne à la *charkâ*. Il n'a jamais prétendu que le filage fût un moyen suffisant de vivre, sauf pour les très pauvres, mais une industrie auxiliaire de l'agriculture, quand celle-ci est suspendue. Le problème n'est pas théorique ; il est poignant et urgent : 80 % de la population de l'Inde sont agricoles et n'ont pas d'occupations pendant quatre mois de l'an-

1. Gandhi lui-même sait qu'on rira de lui. Mais, dit-il, l'aiguille a-t-elle cédé la place à la machine à coudre, ou la main à la machine à écrire ? Le rouet n'a rien perdu de son utilité. Et il est actuellement une nécessité nationale, la seule ressource possible pour les millions d'affamés (21 juillet 1920).

née. Un dixième de la population est normalement affamé. La classe moyenne est sous-nourrie. L'Angleterre n'a rien fait pour améliorer cet état; elle l'a considérablement aggravé. Les Compagnies anglaises ont ruiné les industries locales, pompé les ressources de l'Inde, et lui sucent annuellement près de quarante millions de livres sterling[1]. L'Inde, qui produit tout le coton dont elle a besoin, en exporte des millions de balles au Japon et au Lancashire, d'où il lui revient sous la forme de calicot manufacturé. De toute évidence, il faut qu'elle apprenne à se passer des services ruineux de l'étranger, et qu'elle organise au plus vite ses propres ateliers; il faut qu'au plus vite elle trouve quelque moyen de fournir à chacun travail et subsistance. Or, il n'en est pas de plus prompt et de plus économique que l'industrie de chaumière, la vieille industrie hindoue, le filage et tissage. Il ne s'agit pas de mettre au tissage les travailleurs agricoles occupés et gagnant bien, mais d'une part les chômeurs et flâneurs, de l'autre les femmes et les enfants, enfin tous les Hindous à leurs heures de

1. Evaluation faite par Lajpat Rai.

loisirs. Gandhi prescrit donc : 1° de boycotter le tissu étranger ; 2° de restaurer et répandre l'enseignement, très facile, du filage ; 3° de s'engager à ne plus porter que les étoffes ainsi filées et tissées. Il se voue à cette propagande, avec une ardeur inlassable. Il veut que filer soit un devoir pour l'Inde entière[1], qu'on l'apprenne à l'école, que les enfants pauvres paient leur éducation en heures de rouet, que chacun, homme ou femme, y consacre une heure de bienfaisance par jour. Il entre dans les détails les plus précis, donne des indications techniques sur le coton, le fil, les diverses opérations de tissage, des conseils pratiques aux tisserands, aux acheteurs, aux pères de famille, aux écoliers ; montre, chiffres en main, comment, avec un petit capital, on peut en montant une boutique de *Swadeshi* (de produits du travail indien) réaliser des profits de 10 %, etc. Il devient lyrique, lorsqu'il célèbre «*la musique du rouet*»[2], la plus antique de l'Inde, celle dont se délectaient Kabir, le poète tisserand, et Aureng-Zeb, le grand empereur qui fabri-

1. 2 février 1921.
2. 21 juillet 1920.

quait lui-même ses bonnets... Il réussit à enflammer l'opinion. A Bombay, les dames de grande famille se mettent au rouet. Hindoues et musulmanes font vœu de ne plus porter d'autre étoffe que les tissus nationaux. La mode s'enthousiasme pour le *Khaddar* ou *Khadi,* dont Rabindranath Tagore lui-même reconnaît le bon goût. Les commandes affluent ; il en vient jusque du Beloutchistan et d'Aden.

L'enthousiasme alla un peu loin, quand il s'agit de boycotter les tissus étrangers ; et Gandhi lui-même, si maître de lui à l'ordinaire, paraît avoir perdu la mesure. Il ordonna de les brûler, comme un emblème d'esclavage; et l'on vit à Bombay, en août 1921, comme au temps de Savonarole, *Christo regnante,* sur la Place de la Seigneurie, des bûchers de splendides étoffes de famille, consumées par le feu, au milieu d une joie tumultueuse. Un des plus généreux esprits anglais de l'Inde, C.-F. Andrews, ami de Tagore, écrivit à Gandhi, qu'il admirait, une lettre pathétique, déplorant qu'on brûlât ces étoffes au lieu de les donner aux pauvres, et qu'on fît appel aux mauvais instincts de race. Il s'élève contre ce nationalisme, qui est une forme de la violence ; il ne peut supporter qu'on fasse de la destruction une sorte de religion : détruire le fruit du travail est un crime. Andrews, qui avait d'abord épousé les réformes de Gandhi, au point de porter le *Khaddar*, hésite maintenant à le garder : la vue de ces bûchers l'a blessé dans sa foi en le Mahâtmâ. Mais Gandhi, qui publie sa lettre et y répond affectueusement, touché de cette effusion d'un cœur angoissé, déclare qu'il ne regrette rien. Il n'a aucun sentiment hostile pour quelque race que ce soit, et il ne demande pas la destruction de tous les objets étrangers, mais de ceux dont la malfaisance s'est manifestée. Des millions d'Indiens ont été ruinés par les manufactures anglaises ; beaucoup sont tombés au rang de parias, ou de soldats mercenaires, et leurs femmes de prostituées. On ne peut sans péché porter ces étoffes criminelles. L'Inde n'est que trop portée à haïr ses exploiteurs anglais. Gandhi détourne sa rancune et la transfère des hommes sur les choses. Les coupables ne sont pas seulement les Anglais qui ont vendu ces tissus, mais les Indiens qui les ont achetés.

On brûle, non par haine, mais par repentir. C'est une opération chirurgicale nécessaire. Et il serait inconvenant de donner ces étoffes souillées aux pauvres, qui ont, eux aussi, leur honneur.

Libérer la vie matérielle de l'asservissement étranger ne serait rien encore. Il faut libérer l'esprit. Gandhi voulut que son pays secouât le joug de la culture européenne ; et un de ses plus fiers efforts fut de jeter les bases d'une éducation vraiment indienne.

Déjà existaient quelques universités et collèges, où s'étaient conservés, sous la tutelle anglaise, des tisons de l'ancienne culture asiatique. Aligarh était depuis quarante-cinq ans une université musulmane, centre de la culture islamique dans l'Inde. Le collège de Khalsa était le centre de la culture Sikh. Les Hindous avaient l'université de Bénarès. Mais ces institutions scolastiques un peu arriérées étaient soumises au gouvernement, qui les subventionnait. Gandhi aurait voulu les détruire, pour y substituer des foyers plus purs. En novembre 1920, il inaugura l'Université nationale du Gujerat, à Ahmedabad. Elle s'inspirait des idéals d'une Inde unie. Ses deux piliers religieux étaient le *Dharma* des Hindous et l'Islam des Mahométans. Elle prétendait sauver les dialectes de l'Inde et en faire les sources de régénération nationale. Gandhi considère, à juste raison [1] — et nous pouvons faire notre profit de ses paroles — « qu'une étude systématique des cultures asiatiques n'est pas moins essentielle à une éducation complète que l'étude des sciences d'Occident. Les vastes trésors du sanscrit et de l'arabe, du persan, du pali et du magadhi, doivent être explorés, afin que l'on retrouve les secrets de la force nationale ». Mais il n'est pas question de répéter ce qui fut dit ou fait, aux temps écoulés. « Il faut fonder une culture nouvelle sur celles du passé, enrichies par l'expérience des siècles. Elle doit être la synthèse des civilisations différentes, qui ont agi sur l'Inde et subi l'esprit du sol. Cette synthèse ne sera point effectuée sur le modèle américain, où une culture dominante absorbe et écrase tout le reste. Chaque culture aura sa place légitime. Le but est harmonie, et

1. 17 novembre 1920.

non unité factice par la force. » Tous les étudiants auront à connaître toutes les religions indiennes. Les hindous se familiariseront avec le Coran, et les musulmans avec les Shâstras. L'Université nationale n'exclut rien que l'esprit d'exclusion. Dans l'humanité entière, elle n'admet point d' « intouchables ». L'hindoustani sera obligatoire, car il est le vrai dialecte national, mélangé de sanscrit, de hindi, et de urdu persianisé [1].

Les intellectuels recevront l'éducation professionnelle, et les autres l'éducation littéraire. Ainsi s'atténueront les différences de classes. L'esprit d'indépendance sera entretenu non seulement par l'étude, mais par une éducation que Gandhi nomme « vocationnelle » [2]. A l'encontre de l'éducation européenne qui déprécie le travail manuel en ne développant que le cerveau, Gandhi veut

---

1. L'anglais n'est pas exclu, (ni aucune langue européenne). On le réserve aux cours supérieurs, à la fin du cycle scolaire. En revanche, les dialectes sont employés, à tous les degrés universitaires. Gandhi rêve d'un état supérieur de l'existence universelle, où toutes ces différences persistent dans l'unité, non pas comme des divisions, mais « comme les facettes d'une même pierrerie. » (juin 1920).

2. On ne doit pas traduire « professionnelle », car il s'agit justement de dégager l'âme de la profession.

que le travail manuel soit introduit à l'école, dès les classes enfantines. Il est bon que l'enfant paye lui-même en travail de filage son enseignement, afin qu il apprenne sans retard à gagner sa vie et son indépendance. Quant à l'éducation du cœur, que l'Europe néglige complètement, elle est toute à fonder. Et, avant de former les élèves, il faut former les éducateurs.

C'est l'objet d'Instituts supérieurs, dont il semble que Gandhi rêve de faire la clef de voûte de l'éducation nouvelle, — bien plus qu'écoles, véritables couvents où se concentre, pour être ensuite propagé, le feu sacré de l'Inde, — ainsi que les grands monastères des Bénédictins d'Occident, religieux pionniers de la terre et de l'âme.

Nous possédons les règlements que Gandhi établit pour la maison *Satyâgrah Ashram*[1], à Ahmedabad, sa fille préférée. Ils concernent beaucoup plus les maîtres que les élèves, et ils lient les premiers par des vœux monastiques. Mais au lieu que, dans les couvents ordinaires, ces vœux, avec le temps, ne

---

1. *Ashram* : lieu de discipline, ermitage.

gardent plus qu'un caractère de discipline négative, ils sont ici palpitants de l'esprit de sacrifice et de pur amour qui anime les saints. Les directeurs sont tenus aux observances qui suivent :

1° *Le vœu de Vérité.* — Il ne suffit pas de ne pas mentir. « Aucun mensonge ne doit être employé, même pour le bien du pays. » La vérité peut exiger l'opposition aux parents et aux aînés.

2° *Le vœu de « Ahimsâ »* (Non-tuer). — Il ne suffit pas de ne pas prendre la vie d'un autre être. Il ne faut pas blesser même ceux qu'on croit être injustes. On ne doit jamais être irrité contre eux ; il faut les aimer. S'opposer à la tyrannie, mais ne point faire de mal au tyran. Le vaincre par l'amour. Lui refuser l'obéissance, jusqu'à la mort.

3° *Le vœu de Célibat,* sans lequel il est presque impossible d'observer les deux précédents. — Il ne suffit pas d'éviter la concupiscence. Il faut toujours contrôler ses passions animales, même dans sa pensée. Si l'on est marié, on doit regarder sa femme comme une amie pour la vie, et garder avec elle des relations de pureté parfaite.

4° « *Le contrôle du palais* ». — Il faut régler et purifier son régime. Abandonner graduellement les aliments qui ne sont pas nécessaires.

5° *Le vœu de Non-voler.* — Il ne s'agit pas seulement de la propriété des autres. « C'est un vol d'employer des objets, dont nous n'avons pas réellement besoin. » La nature fournit, de jour en jour, juste assez et pas plus pour nos besoins quotidiens.

6° *Le vœu de Non-possession.* — Il ne suffit pas de ne pas posséder. Il ne faut rien garder que d'absolument nécessaire pour nos besoins corporels. Eliminer constamment le trop. Simplifier la vie.

Deux observances « subsidiaires » s'ajoutent à ces vœux essentiels :

1° *Le Swadeshi.* — Ne pas employer d'objets pour lesquels il y ait une possibilité de tromperie. Cette prescription entraîne l'interdiction des objets manufacturés au dehors. Car ils sont le produit de la misère exploitée et des souffrances du peuple ouvrier d'Europe. Les marchandises étrangères sont donc « tabou » pour un disciple de l'*Ahimsâ*. D'où la nécessité de vêtements simples, faits dans le pays.

2° *L'absence de crainte.* — Car celui qui craint ne peut suivre les préceptes précédents. Il faut être libre de la peur des rois, des peuples, de la famille, des hommes et des bêtes féroces, de la mort. Un homme sans peur se défend par la « force de vérité » ou « force d'âme ».

Une fois bâtis les caractères sur cette armature de fer, Gandhi passe rapidement sur les autres prescriptions éducatives, dont les deux plus frappantes sont celles-ci : les maîtres doivent donner l'exemple du travail corporel (de préférence, du travail de la terre) ; et ils doivent apprendre les principales langues de l'Inde.

Quant aux enfants, une fois entrés à l'*Ashram* — et on peut les y mettre dès l'âge de quatre ans [1]— ils sont liés eux aussi jusqu'à leur sortie — (et le cycle des études dure environ dix ans). Ils sont séparés de leurs familles. Les parents renoncent à tout contrôle. Les enfants ne visitent pas les parents. Ils ont des vêtements simples, une nourriture simple, strictement végétarienne, pas de jours de

1. Mais on peut être admis comme étudiant, à tout âge.

congé au sens habituel, mais un jour et demi par semaine laissé au travail personnel, et trois mois par an consacrés au voyage à pied à travers l'Inde. Le hindi et un dialecte dravidien sont obligatoires pour tous. Ils doivent de plus apprendre l'anglais comme deuxième langue, et les caractères de cinq langues indiennes (urdu, bengali, tamil, telugu et devanagari). On leur enseigne, dans leurs dialectes propres, l'histoire, la géographie, les mathématiques, les sciences économiques, et le sanscrit. Parallèlement, ils pratiquent l'agriculture et le tissage à la main. Il va sans dire qu'un esprit religieux enveloppe tout l'enseignement. Quand les études sont à leur fin, les jeunes gens ont le choix : prendre les vœux comme leurs aînés, ou se retirer. Tout l'enseignement est gratuit.

J'ai insisté un peu longuement sur ce programme éducatif, parce qu'il montre la haute spiritualité du mouvement de Gandhi, et que, dans ses intentions, il en est le principal moteur. Pour créer l'Inde nouvelle, il faut créer des âmes nouvelles, des âmes fortes et pures, qui soient vraiment indiennes.

Et il faut, pour les créer, former une légion sacrée d'apôtres qui, tels ceux du Christ, soient le sel de la terre. Gandhi n'est pas, comme nos révolutionnaires d'Europe, un fabricant de lois et de décrets. Il est le pétrisseur d'une nouvelle humanité.

Le gouvernement anglais — comme tous les gouvernements en pareil cas — n'avait, naturellement, rien compris à ce qui se passait. Son premier mouvement fut d'ironie supérieure. Le vice-roi, lord Chelmsford, en août 1920, dit que « de toutes les absurdités, celle-là était la plus absurde ». Il fallut bientôt descendre de ces régions de dédain confortable. Assez troublé déjà, mais incertain, le gouvernement publia, le 6 novembre 1920, un communiqué paterne et menaçant, disant qu'il n'avait pas voulu instituer de poursuites criminelles, parce que les promoteurs du mouvement prêchaient l'abstention de violence, mais qu'ordre d'agir était donné contre qui dépasserait les limites posées et pousserait à la violence ou à la désobéissance armée.

Les limites furent vite dépassées, mais par le gouvernement. Le mouvement avait pris une extension inquiétante. Et en décembre

1920, se produisit un événement d'une gravité exceptionnelle. La Non-coopération sans violence n'avait été jusque-là qu'une tactique d'essai, d'un caractère provisoire ; et le gouvernement se flattait de l'espoir que l'Assemblée générale indienne, dans sa session de fin d'année, l'abrogerait. Mais le Congrès national de toute l'Inde, réuni à Nagpur, l'inscrivit, au contraire, dans la Constitution, comme premier article de loi :

Article I. « L'objet du Congrès National est d'atteindre le *Swarâj* (*Home Rule*) du peuple de l'Inde, par tous les moyens pacifiques et légitimes. »

Il confirma le vote de Non-coopération qu'avait émis la session spéciale de Calcutta en septembre 1920, et il l'amplifia, soulignant le principe de Non-violence, montrant la nécessité, pour la victoire, d'une harmonie entre les éléments divers du pays, et par conséquent prônant l'unité hindoue-musulmane, bien plus, le rapprochement entre les classes privilégiées et refoulées. Surtout, il introduisit dans la Constitution des changements fondamentaux, qui établirent définitivement le régime représentatif de toutes les parties de l'Inde [1]. Le Congrès ne cachait point que la Non-coopération actuelle n'était encore qu'un premier échelon de la lutte engagée. Il annonçait que le refus complet d'association avec le gouvernement et le refus de paiement des taxes entreraient en vigueur, à un moment qui serait ultérieurement déterminé. En attendant, pour y préparer le pays, on étendait le boycott, on encourageait le tissage indien, on lançait un appel aux étudiants,

---

1. Au Congrès de Nagpur prenaient part plus de 4.726 délégués dont 469 musulmans, 65 sikhs, 5 parsis, 2 intouchables, 4,079 hindous, 106 femmes.

La Constitution nouvelle décida qu'un délégué serait nommé pour 50.000 habitants : ce qui ferait au total 6,173 délégués. Le *Congrès National de toute l'Inde* se réunit en session, une fois par an (vers Noël). Le *Comité du Congrès de toute l'Inde*, comprenant environ 350 membres, est chargé d'exécuter la politique du Congrès, en interprétant ses résolutions; il possède, dans l'intervalle des sessions du Congrès, la même autorité que lui. Un *Comité exécutif* de 15 membres joue le rôle de Cabinet, par rapport au Parlement; il peut être congédié par le *Comité du Congrès.*

Le Congrès de Nagpur dressa les plans d'une hiérarchie de *Comités de Congrès provinciaux*, représentant 21 provinces et 12 langues — et, au-dessous, des *Comités de Congrès locaux* pour tous les villages ou groupes de villages, — avec des troupes d' « ouvriers » ou fonctionnaires nationaux (*Service national Indien*) entretenus par un fond *Swaraj* de toute l'Inde, en mémoire de Tilak.

Tout homme ou toute femme, adulte, souscrivant quatre annas au fonds du Congrès est électeur, sous la condition préalable qu'il ait signé le *Credo* de la Constitution. L'âge d'éligibilité est 21 ans. La condition est d'accepter l'article 1 de la Constitution, les règlements et les méthodes du Congrès.

aux parents, aux magistrats ; on les invitait à pratiquer avec plus de zèle la Non-coopération. Ceux qui refuseraient d'obéir aux prescriptions du Congrès seraient exclus de la vie publique.

C'était l'affirmation d'un État dans l'État, le véritable État de l'Inde en face du Gouvernement britannique. Celui-ci ne pouvait plus rester sans agir. Il fallait traiter, ou combattre. Avec un peu d'esprit conciliant, une entente était encore possible. Le Congrès avait déclaré qu'il atteindrait à son but, « en association avec l'Angleterre, si elle s'y prêtait, sinon sans elle. » Comme toujours dans la politique européenne à l'égard des autres races, la violence l'emporta. On chercha des prétextes. Ils ne manquèrent point.

Malgré la volonté de Non-violence, affirmée par Gandhi et par le Congrès, quelques graves désordres, qui n'avaient avec le mouvement de Non-coopération que des rapports assez lointains, se produisirent sur divers points de l'Inde. Dans les Provinces-Unies (Allahabad), il y eut des troubles agraires, des révoltes de tenanciers contre les propriétaires ; et la police y intervint d'une façon sanglante. Puis, le mouvement Akali des Sikhs, d'abord purement religieux, employa les méthodes de la Non-coopération, et aboutit, en février 1921, au massacre de deux cents Sikhs. On ne pouvait, de bonne foi, rendre responsables de ce drame du fanatisme Gandhi et ses disciples. Mais l'occasion était bonne. La répression reprit, au début de mars 1921, avec une violence croissante jusqu'à la fin de l'année. Elle avait choisi, pour entrer en scène, le prétexte des manifestations contre les vendeurs de boissons. Ce n'était pas la première fois que l'alcoolisme et la civilisation européenne marchaient de pair. Le Congrès indien leva le fonds Swaraj-Tilak, montant à dix millions de roupies, pour enrôler dix millions de membres et pour élever le nombre des *charkhas* à vingt lakhs (2 millions). En août 1921, une résolution fut passée pour effectuer le boycott complet du tissu étranger, le 30 septembre. Le gouvernement y répondit par des mesures violentes. A la fin novembre, une loi fut promulguée contre les meetings séditieux. En diverses provinces, carte blanche fut donnée à la police locale pour écraser le mouvement, qu'on dénomma révolutionnaire et anarchique. Des milliers d'Indiens furent arrêtés; on n'eut aucun égard pour des hommes respectés[1]. Naturellement, ces mesures provoquèrent des émeutes, et çà et là, des combats entre la police et la foule, des meurtres, des incendies.

Le Comité du Congrès de toute l'Inde, réuni à Bezwada, dans la dernière semaine de mars, discuta s'il fallait proclamer la Désobéissance civile. Avec une rare sagesse, il trouva que le pays n'était pas encore assez mûr et discipliné pour employer cette arme à double tranchant; et il décida d'attendre, en procédant à une sorte de mobilisation civile et financière.

Gandhi reprit, avec plus d'élan, sa campagne pour l'unité de l'Inde, pour l'union des religions, des races, des partis et des castes. Il fit appel aux Parsis[2], riches, gros commerçants, grands industriels, et plus ou moins teintés, comme il dit, de l'esprit Rockfeller. — L'union hindoue-musulmane était sans cesse menacée par les anciens préjugés, les

---

1. Lajpat Rai fut le premier arrêté, le 3 décembre 1921, au nom de la loi criminelle du 24 novembre 1921.

2. 23 mars 1921.

craintes, les soupçons mutuels. Il s'y voua, corps et âme[1], ne cherchant pas entre les deux peuples une fusion actuellement impossible, et que lui-même n'eût point voulue, mais une solide alliance bâtie sur l'amitié[2].

Son effort le plus haut fut de faire rentrer dans la communauté hindoue les classes rejetées. Sa revendication passionnée des droits des Parias, ses cris d'indignation et de douleur contre cette monstrueuse iniquité sociale, suffiraient à immortaliser son nom. La souffrance que lui causait ce qu'il nomme « la plus honteuse souillure de l'Hindouisme » avait sa source dans ses émotions d'enfance. Il raconte[3] que, lorsqu'il était petit, un paria venait dans sa maison pour les grossiers

1. 6 octobre 1920, 11 mai, 18 mai, 28 juillet, 20 octobre 1921.

2. Donnant en exemple son amitié intime avec le musulman Maulana Mahomed Ali, il atteste que l'un et l'autre restent fidèles à leur foi respective. Gandhi ne donnerait pas sa fille en mariage à un des fils d'Ali ; il ne partagerait pas les repas de son ami ; et son ami agirait de même. Cela ne les empêche point de s'aimer et d'être sûrs l'un de l'autre. Gandhi ne prétend point, d'ailleurs, que les mariages mixtes entre Hindous et Musulmans, et les repas en commun soient à condamner ; mais il faudra un siècle pour en arriver à cette fusion. Une politique pratique ne doit pas poursuivre une telle réforme. Gandhi n'y met pas obstacle ; mais il la croit prématurée. Ici se montre encore son sens des réalités (20 octobre 1921).

3. Dans un discours public, le 27 avril 1921.

ouvrages; on défendit à l'enfant de le frôler sans faire des ablutions; il ne l'admettait point et discutait avec ses parents. A l'école, souvent il touchait les intouchables. Sa mère lui recommandait, pour se défaire de la souillure, de toucher ensuite un musulman. Mais, à douze ans, son jugement était fait. Il se jurait d'effacer ce péché de la conscience de l'Inde. Il projetait de venir au secours de ses frères dégradés. Jamais son esprit ne se montre plus libre que quand il sert leur cause. On en jugera par ce fait qu'il eût été prêt à sacrifier sa religion même, s'il lui avait été prouvé que l'intouchabilité en fût un dogme. Et cette seule injustice justifie, à ses yeux, toutes celles dont les Indiens souffrent dans l'univers...

« Si les Indiens sont devenus les parias de l'Empire, c'est un retour de la justice éternelle. Que les Indiens d'abord lavent leurs mains tachées de sang!... L'intouchabilité a dégradé l'Inde. Au Sud-Afrique, en Afrique orientale, au Canada, les Indiens, à leur tour, ont été traités en parias. Le *Swarâj* (*Home Rule*) est impossible, tant que subsisteront les parias. L'Inde est coupable. L'Angleterre n'a rien fait de plus noir. Le premier devoir est de protéger les faibles, et de ne pas outrager une conscience humaine. Nous ne valons pas mieux que des brutes, tant que nous ne serons pas lavés de ce péché. Le *Swarâj* doit être le règne de la justice sur toute la terre... »[1]

Gandhi voulait qu'une législature nationale améliorât au plus tôt le sort des frères parias, qu'on leur accordât un grand nombre d'écoles et de puits — car l'usage des puits publics leur était interdit. — Mais d'ici là?... Son impatience, qui ne lui permet pas d'attendre, les bras croisés, que les classes privilégiées aient réparé leur iniquité, le fait passer dans le camp des parias : il se met à leur tête, et cherche à les grouper. Il examine avec eux les tactiques diverses : que peuvent-ils? En appeler au gouvernement de l'Inde? Ce serait changer d'esclavage... Rejeter l'Hindouisme — (Que l'on remarque cette généreuse audace d'un grand croyant hindou!) — et se convertir au christianisme ou au mahométisme? Gandhi serait près de le conseiller, si l'Hindouisme était inséparable de l'intouchabilité. Mais il est convaincu que celle-ci n'en est qu'une excroissance malsaine, et qu'on doit l'extirper. Les parias devraient

1. 27 octobre 1920, 27 avril 1921.

donc s'organiser pour leur défense. Ils auraient la ressource d'employer l'arme de la Non-coopération contre l'Hindouisme, en cessant toutes relations avec les autres Hindous : (conseils singulièrement hardis de révolte sociale, dans la bouche de ce patriote!) Mais, continue Gandhi, les parias ne sont capables d'aucune organisation; ils n'ont point de chefs. Qu'ils se joignent donc — c'est le seul parti qui leur reste — au mouvement général de Non-coopération indienne, dont la première condition est l'union des classes! La Non-coopération véritable est un acte religieux de purification. Nul ne peut y prendre part, en rejetant les parias; il pécherait gravement. Ainsi, Gandhi réussit à mettre d'accord la religion, la patrie et l'humanité [1].

Une consécration solennelle fut donnée à ces premiers essais de groupement, par la *Conférence des classes « supprimées » (Suppressed Classes Conference)*, que Gandhi présida à Ahmedabad, les 13 et 14 avril 1921. Il y prononça un de ses plus beaux

1. 27 octobre 1920.

discours. Il ne se contente pas de réclamer la suppression de l'inégalité sociale; il attend des parias de grandes choses dans la vie sociale de l'Inde régénérée; il leur rend confiance en eux; il leur souffle la brûlante espérance qui l'anime. Il a remarqué chez eux, dit-il, d'immenses possibilités latentes. Il compte qu'en cinq mois les classes intouchables auront su, par leur dignité, conquérir leur juste place dans la grande famille indienne.

Gandhi eut la joie de voir l'Inde émue par l'appel fait à son cœur, et l'émancipation des parias se réaliser en de nombreuses régions[1]. La veille de son arrestation, il s'occupait encore de cette cause, et en relatait les progrès. Des Brahmanes s'y consacraient. Les classes privilégiées donnèrent des exemples touchants de repentir et d'amour fraternel. Gandhi cite le cas d'un jeune

---

1. Dès la fin d'avril 1921, l'intouchabilité diminue. Dans beaucoup de villages, les parias vivent parmi les autres Hindous et partagent leurs droits (27 avril 1921). En revanche, dans d'autres régions, particulièrement à Madras, leur situation restait déplorable (29 septembre 1921). — La question est désormais inscrite à l'ordre du jour des Assemblées Nationales indiennes. Déjà, le Congrès de Nagpur, en décembre 1920, avait émis le vœu que disparût le « péché » de l'intouchabilité.

Brahmane de dix-huit ans, qui se fit balayeur, pour vivre avec les parias[1].

Gandhi prit parti, avec non moins de noblesse, pour une autre grande cause, celle des femmes.

La question sexuelle est particulièrement grave dans l'Inde, riche d'une sensualité débordante, accablante, et mal réglée. Les mariages d'enfants épuisent prématurément les énergies physiques et morales de la nation. L'obsession charnelle pèse sur la pensée; et la dignité de la femme en est humiliée. Gandhi publie les plaintes de femmes hindoues contre la façon dégradante dont la femme est considérée par les nationalistes hindous[2]. Il donne raison à ces blâmes. C'est là, dit-il, une plaie de l'Inde, aussi grave que l'intouchabilité. Mais il ajoute que le monde entier en souffre. Le problème est universel. De même que pour les parias, il attend le progrès beaucoup plus des opprimés que des oppresseurs. C'est aux femmes qu'il s'adresse, pour que d'abord elles imposent le respect, en cessant de se

1. 27 avril 1921.
2. 21 juillet 1921, 6 octobre 1920.

regarder comme l'objet des appétits de l'homme. Qu'elles prennent part résolument à la vie publique, qu'elles en revendiquent les risques et les dangers! Que non seulement elles renoncent à leur luxe, en rejetant et brûlant les tissus étrangers, mais qu'elles partagent toutes les peines des hommes! Déjà, des femmes distinguées ont été emprisonnées à Calcutta. C'est bien. Que loin de réclamer un traitement de faveur, elles fassent assaut d'endurance et de privations avec les hommes! Sur ce terrain, la femme peut toujours dépasser l'homme. Qu'elles ne redoutent rien! La plus faible peut préserver son honneur. Il suffit de savoir mourir [1].

Il n'oublia point *nos sœurs tombées* [2]. Il raconte les conversations qu'il eut avec des assemblées de plusieurs centaines d'entre elles, dans la province Andhra, et à Barisal. Avec quelle simple noblesse il leur parle, elles lui parlent, elles se confient à lui, elles lui demandent conseil! Il leur cherche un métier honorable, il leur propose le rouet,

---

1. 21 juillet, 11 août, 15 décembre 1921.

2. C'est le titre d'un de ses articles : *Our fallen sister* (15 septembre 1921).

elles promettent de s'y mettre dès le lendemain, si on les aide. — Et, s'adressant aux hommes de l'Inde, Gandhi les rappelle au respect de la femme :

« Cette façon de jouer au vice n'a pas sa place dans notre Révolution. Le *Swarâj* veut dire que nous considérons tous les habitants de l'Inde comme nos frères et nos sœurs... Respect à tous !... Le sexe féminin n'est pas le sexe faible, il est le plus noble des deux, par son pouvoir de sacrifice, de souffrance silencieuse, d'humilité, de foi et de connaissance. L'intuition de la femme a souvent surpassé l'arrogante prétention de l'homme à un savoir supérieur... »

Il trouva en les femmes de l'Inde — à commencer par la sienne — des aides intelligentes et de ses meilleures disciples.

III

L'année 1921 marque l'apogée de l'ascendant de Gandhi. Il dispose d'un immense pouvoir moral ; et, sans qu'il l'ait cherché, on lui met dans les mains un pouvoir politique presque illimité. Le peuple le croit saint ; on fait de lui des peintures en Shri-Krishna[1]. Et, en décembre 1921, le Congrès National de toute l'Inde l'investit de la pleine autorité, lui délègue ses pouvoirs, avec la faculté de choisir son successeur. Il est le maître incontesté de la nation indienne. Il dépend de lui de déchaîner la Révolution politique, ou même, s'il l'eût voulu, d'instaurer une Réforme religieuse.

Il ne le fit pas. Il ne le voulut pas. Grandeur morale ? Timidité morale ? L'une et l'autre peut-être. Il est difficile à tout homme (particulièrement à un homme d'une civilisation

1. Gandhi proteste, dans *Young India* (juin 1921).

différente), de pénétrer une conscience, surtout quand elle est aussi profonde et délicate que celle d'un Gandhi. Il est difficile d'apprécier, dans le tourbillon des faits qui, en cette année tumultueuse, remuèrent l'Inde en tous sens, si la main du pilote a toujours été sûre et gouverna le colossal navire, sans dévier ni trembler. Mais je tâcherai de dire ce que j'ai cru déchiffrer dans cette énigme vivante, avec le religieux respect que j'ai pour ce grand homme, et la sincérité que je dois à sa sincérité.

Si le pouvoir de Gandhi était grand, les dangers d'en user n'étaient pas moindres. A mesure que l'action publique s'étendait et que son frisson remuait les centaines de millions d'hommes, il devenait plus difficile de la diriger et de garder soi-même l'équilibre sur cette mer en mouvement. Problème surhumain de concilier la modération de l'esprit et la largeur de vue avec ces masses déchaînées ! Le pilote, doux et pieux, prie et s'appuie sur Dieu. Mais la voix qu'il entend lui arrive, mêlée à celle de la tempête. Arrivera-t-elle aux autres ?...

Ce qu'il risque le moins, c'est le danger d'orgueil. Aucune adoration ne peut lui tourner la tête. Il en est blessé dans son humilité, autant que dans son bon sens. Cas unique peut-être dans l'histoire des prophètes et des grands mystiques, il n'a point de visions, point de révélations, et il ne cherche ni à le croire, ni à le faire croire. Sincérité immaculée ! Son front reste sans ivresse, son cœur sans vanité. Il est, il demeure un homme pareil à tous les hommes... Non, qu'on ne l'appelle pas saint ! Il ne le veut point. (Et, par cela même, il l'est...)

« Le mot *Saint*, écrit-il, doit être raturé de la vie actuelle... Je prie comme tout bon Hindou, je crois que nous pouvons tous être des messagers de Dieu ; mais je n'ai eu aucune révélation particulière de Dieu. Ma croyance ferme est qu'il se révèle à tout être humain ; mais nous fermons nos oreilles à la petite voix intérieure... Je prétends n'être qu'un humble ouvrier, un humble serviteur de l'Inde et de l'Humanité (*a humble servant of India and humanity*...) Je n'ai nul désir de fonder une secte. Je suis en vérité trop ambitieux. Je ne représente pas des vérités nouvelles. J'essaie de représenter et de suivre la Vérité, telle que je la connais. Je jette une lumière nouvelle sur maintes vieilles vérités. »[1]

---

1. 12 mai 1920, 25 mai, 18 juillet, 25 août 1921.

Pour lui-même, il est donc toujours modeste, plein de scrupules, personnellement incapable de tout exclusivisme, aussi bien comme patriote indien que comme doctrinaire de la Non-coopération. Il n'admet aucune tyrannie, même pour la bonne cause. « On ne doit jamais remplacer l'esclavage du gouvernement par celui des Non-coopérateurs [1] ». Il se refuse aussi à opposer sa patrie aux autres patries ; et son patriotisme ne s'enferme pas dans les limites de l'Inde. « Pour moi, le patriotisme se confond avec l'humanité. Je suis patriote, parce que je suis homme et humain. Je ne suis pas exclusif. Je ne ferais pas de mal à l'Angleterre ou à l'Allemagne, pour servir l'Inde. L'impérialisme n'a pas de place dans mon plan de vie... Un patriote l'est d'autant moins qu'il est un tiède humanitaire [2] ».

Mais ses disciples ont-ils toujours été aussi réservés ? Que devient sa doctrine, aux mains de certains d'entre eux ? Et, par leur intermédiaire, qu'en parvient-il à la foule ?

---

1. 8 décembre 1920
2. 16 mars 1921.

Quand Rabindranath Tagore, après un voyage de plusieurs années en Europe, rentre dans l'Inde, en août 1921, il est bouleversé du changement qu'il remarque dans les esprits. Son anxiété n'avait pas attendu son retour pour s'exprimer, en une suite de lettres, envoyées d'Europe à ses amis indiens, et dont plusieurs furent publiées dans sa *Modern Review*[1]. Il est nécessaire de s'arrêter sur ce dissentiment entre deux grands esprits, qui ont l'un pour l'autre estime et admiration, mais qui sont aussi fatalement séparés que peut l'être un sage d'un apôtre, d'un saint Paul un Platon. D'un côté, le génie de

---

1. *Letters from Abroad.* Les trois lettres du 2, 5 et 13 mars 1921 ont été publiées dans la *Modern Review* de mai 1921. L'*Appel de la vérité*, écrit après le retour de Tagore aux Indes, parut dans la *Modern Review* du 1er octobre 1921.

En dehors de cette controverse écrite, nous savons que Tagore eut, après son retour, une entrevue personnelle avec Gandhi. Nul n'en a publié le récit. Mais C.-F. Andrews, qui en fut le seul témoin, a bien voulu nous faire part des sujets de discussion et des arguments opposés.

la foi et de la charité, qui veut être le levain d'une nouvelle humanité. De l'autre, celui de l'intelligence, libre, vaste et sereine, qui embrasse l'ensemble de toutes les existences.

Tagore a toujours reconnu la sainteté de Gandhi ; et je l'ai entendu m'en parler avec vénération : comme j'évoquais, au sujet du Mahâtmâ, la figure de Tolstoï, Tagore montrait combien Gandhi lui était plus proche et lui semblait plus vêtu de lumière — (et j'en juge de même, aujourd'hui que je le connais mieux), — car tout chez Gandhi est naturel, simple, modeste et pure ; et la sérénité enveloppe ses combats. Au lieu que chez Tolstoï, tout est révolte orgueilleuse contre l'orgueil, colère contre la colère, passion contre les passions, tout est violence, jusqu'à la non-violence... Tagore écrivait de Londres, le 10 avril 1921 : « Nous sommes reconnaissants à Gandhi de donner à l'Inde l'occasion de prouver que sa foi à l'esprit divin dans l'homme est encore vivante. » Et malgré les réserves qu'il formulait déjà sur le mouvement de Gandhi, quand il quitta la France pour son voyage de retour, il était disposé à y apporter son aide. Même l'éclatant manifeste d'octobre 1921, que je citerai plus loin, *l'Appel de la Vérité*, qui consacre la rupture, s'ouvre par le plus magnifique éloge qui ait jamais été écrit de Gandhi.

De son côté, Gandhi témoigne à Tagore un respect affectueux ; et même dans leur désaccord, il s'applique à ne s'en point départir. On sent qu'il lui est pénible d'entrer en polémique avec lui ; et lorsque de bons amis essaient d'attiser le débat, en colportant certains propos intimes, Gandhi leur impose silence, en affirmant tout ce qu'il doit à Tagore[1].

Mais il était fatal que la différence de leurs esprits s'affirmât. Dès l'été de 1920, Tagore avait regretté que la force débordante d'amour et de foi qui était en Gandhi fût mise, depuis la mort de Tilak, au service de la politique. Ce n'était certes pas de gaieté de cœur que Gandhi lui-même s'y était

---

1. Ainsi, dans un de ses derniers articles, qu'il intitule: *Trop sacré pour être publié* (9 février 1922). — Tagore et Gandhi se connaissaient depuis longtemps. Gandhi avait séjourné plus d'une fois à Santiniketan, chez Tagore. Il avait la permission, dit-il, de considérer cette maison comme un lieu de retraite; et, pendant qu'il était en Angleterre, ses enfants y furent élevés.

déterminé ; mais, Tilak mort, l'Inde était sans chef politique ; il fallait le remplacer.

« Si je parais prendre part à la politique, dit-il expressément au moment où il s'y décide, c'est seulement parce que la politique nous enserre aujourd'hui, comme dans ses replis un serpent : on ne peut s'en dégager, quoi qu'on fasse. Je veux donc lutter avec le serpent... J'essaie d'introduire la religion dans la politique. »[1]

Mais Tagore déplorait cette nécessité. Il écrivait, le 7 septembre 1920 :

« Toute la ferveur morale que représente la vie de Mahâtmâ Gandhi, et que lui seul, entre tous les hommes du monde, peut représenter, nous est nécessaire. Qu'un trésor aussi précieux soit mis sur le frêle vaisseau de notre politique et lancé sur les flots sans fin des récriminations irritées est un grave malheur pour notre pays, dont la mission est de redonner la vie aux morts par le feu de l'âme... Le gaspillage de nos ressources spirituelles dans des aventures qui, du point de vue de la vérité morale, sont mauvaises, est navrant. Il est criminel de transformer la force morale en force aveugle. »[2]

Ces lignes lui étaient dictées par les débuts retentissants de la campagne de Non-coopé-

1. 12 mai 1920.

2. Et plus tard : «Tout honneur au Mahâtmâ ! Mais nos politiciens ne peuvent se défaire de l'idée de l'utiliser pour une manœuvre secrète et ingénieuse dans leur jeu, sur l'échiquier.» (1er octobre 1921).

ration, et par l'agitation soulevée dans l'Inde, au nom du Khilafat et des crimes du Punjab. Il en redoutait les conséquences sur une population faible et sujette à des accès de fureur hystérique. Il eût voulu qu'on la détournât des pensées de vengeance ou d'impossible réparation, qu'on oubliât l'irréparable, pour ne songer qu'à construire l'âme de la plus grande Patrie. Autant il admirait, dans la pensée et l'action de Gandhi, le brûlant rayonnement de l'esprit de sacrifice (et il le dit dans une lettre du 2 mars 1921, que je reproduis plus loin), autant lui était antipathique l'élément de négation que renfermait la foi nouvelle, — la Non-coopération. Il avait horreur de tout ce qui était : *non!* Et ce lui est une occasion d'opposer[1] l'idéal positif du Brahmanisme, la purification des joies de la vie, à leur arrachement exigé par l'idéal négatif du Bouddhisme. A quoi Gandhi répondra[2] que l'acte de rejeter n'est pas moins nécessaire que celui d'accepter. L'effort humain est fait des deux. Le mot

1. 5 mars 1921.
2. 1er juin 1921.

final des Upanishads est une négation. Et la définition de *Brahman* par les auteurs des Upanishads est : *Neti* (*Pas ceci!*) L'Inde avait trop perdu la faculté de dire : « Non ! » Gandhi la lui a rendue. « Avant de semer, il faut sarcler... arracher le mal. »

Mais sans doute, Tagore ne désire-t-il rien arracher. Sa contemplation poétique s'accommode de tout ce qui est, et en goûte l'harmonie. Il l'exprime, en des pages qui sont d'une géniale beauté, mais d'un détachement extrême de l'action. C'est la danse de Nataraja, qui joue avec les illusions :

« Je m'efforce, de tout mon pouvoir, d'accorder mon mode de pensée au diapason du grand sentiment d'excitation exaltée qui passe sur ma patrie. Mais, dans mon être, pourquoi cet esprit de résistance, malgré mon violent désir de l'écarter ? Je ne trouve pas de réponse claire ; mais dans les ténèbres de mon abattement, voici poindre un sourire et une voix qui dit : « Votre place est avec les enfants, sur la plage des mondes : là est votre paix ; et là, je suis avec vous. » Et c'est pourquoi je me suis joué récemment à inventer de nouveaux rythmes. Ce ne sont que des riens, joyeux d'être entraînés par le courant de l'heure, et dansant au soleil, et riant en disparaissant. Mais tandis que je me joue, la création entière se divertit . car les feuilles et les fleurs ne sont-elles pas des expériences de rythmes, qui ne finissent jamais ? Mon Dieu n'est-il pas l'éternel gaspilleur des temps ? Il jette étoiles et planètes dans le tourbillon des changements ; sur le torrent de l'Apparence, il lance les bateaux en papier des Ages, remplis de ses fantaisies. Quand je le tourmente et le supplie de me permettre de rester son petit disciple et d'accepter quelques bagatelles de ma composition comme cargaison de sa barque de jeu, il sourit et je trotte derrière lui, saisissant le bord de sa robe... Mais où suis-je, au milieu de la foule, poussé par derrière, pressé de tous côtés ? Et quel est ce bruit qui m'entoure ? Si c'est un chant, alors ma *sitar* peut en saisir la mélodie, et je me joins au chœur, car je suis un chanteur. Mais si c'est une clameur, alors ma voix est étouffée, et je suis étourdi. J'ai essayé, tous ces jours, tendant l'oreille, d'y découvrir une mélodie ; mais l'idée de *Non-coopération*, avec son formidable volume sonore, sa menace agglomérée, ses clameurs de négation, ne me chante rien. Et je me dis : « Si vous ne pouvez marcher du même pas que vos compatriotes, en cette grande crise de leur histoire, gardez-vous de dire qu'ils ont tort et que vous avez raison ; mais abandonnez votre rôle de soldat, retournez dans votre coin de poète, et soyez prêt à accepter la dérision et la disgrâce populaire ! »[1]

Ainsi parlerait un Gœthe — Gœthe Bacchus indien. Et il semble que, désormais, tout soit dit : le Poète prend congé de l'Action, qui nie ; et il tisse autour de lui l'enchan-

---

1. 5 mars 1921.

tement créateur. — Mais Tagore ne s'y tient point. Comme il l'écrit, « le sort l'avait élu, pour diriger sa barque précisément contre le courant ! » Il n'était pas seulement le Poète ; il était, à ce moment de sa vie, l'ambassadeur spirituel de l'Asie en Europe ; et il venait demander à celle-ci son alliance pour l'Université mondiale qu'il voulait fonder à Santiniketan.

« Quelle ironie du destin que je vienne de prêcher, de ce côté des mers, la coopération des cultures entre l'Orient et l'Occident, juste à l'heure où la Non-coopération se prêche de l'autre côté ! »[1]

Le Non-coopération le blessait directement, dans son action et dans sa foi intellectuelle : « Je crois en la vraie union de l'Orient et de l'Occident[2]. »

Elle le blessait dans sa riche intelligence, nourrie de toutes les cultures du monde.

« Toutes les gloires de l'humanité sont miennes... *L'Infinie Personnalité de l'Homme* (comme disent les Upanishads) ne peut être accomplie que dans une grandiose harmonie de toutes les races humaines... Ma prière est pour que l'Inde représente

---

1. 5 mars 1921.
2. *Ibid.*

la coopération de tous les peuples du monde. Pour elle, l'Unité est la Vérité, et la division est Mâyâ. L'Unité est ce qui comprend tout, et par conséquent ne peut être atteinte par la voie de la négation... L'effort actuel pour séparer notre esprit de celui de l'Occident est une tentative de suicide spirituel... L'âge présent a été puissamment possédé par l'Occident. Ce n'a été possible que parce qu'à l'Occident est échue quelque grande mission pour l'homme. Nous, de l'Orient, nous avons à nous en instruire... C'est un mal sans doute que, depuis longtemps, nous n'ayons plus été en contact avec notre propre culture et que, par suite, la culture d'Occident ne soit pas placée à son véritable plan... Mais dire qu'il est mal de rester en rapports avec elle, c'est encourager la pire forme de provincialisme, qui ne produit que l'indigence intellectuelle... Le problème d'aujourd'hui est mondial. Aucun peuple ne peut faire son salut, en se détachant des autres. Ou se sauver ensemble, ou disparaître ensemble. »[1]

Comme Gœthe en 1813 se refusant à haïr la civilisation française, Tagore ne peut donc admettre l'élimination de la civilisation d'Occident. Et bien que ce ne soit point le fond de la pensée de Gandhi, il sait que tel sera le sens que lui donneront les passions soulevées du nationalisme indien. Il redoute la venue de cette barbarie de l'esprit :

---

1. 18 mars 1921. — Repris et développé dans l'article : *L'Union des cultures* (*Modern Review*, novembre 1921).

« Les étudiants apportent leur offrande de sacrifice, à quoi ? Non pas à une éducation plus complète, mais à la Non-éducation... Je me souviens que, durant le premier mouvement *Swadeshi*[1], une foule de jeunes étudiants vinrent me voir ; ils me dirent que, si je leur commandais de quitter leurs écoles et leurs collèges, ils m'obéiraient sur-le-champ. Je refusai énergiquement, et ils s'en allèrent irrités, doutant de la sincérité de mon amour pour ma mère-patrie. »[2]

Or, précisément en ces jours de printemps 1921 où Tagore apprenait avec déplaisir qu'on venait de boycotter dans l'Inde les études anglaises, il avait, à Londres même, un exemple agressif de ce nationalisme intellectuel ; à la conférence d'un professeur anglais, qui était son ami, Pearson, des étudiants indiens se livrèrent à des manifestations inconvenantes. Tagore s'indigne. Dans une lettre au directeur de Santiniketan, il flétrit cet esprit d'intolérance mesquine. Il en rend responsable le mouvement de Non-coopération. — Gandhi répond à ces blâmes[3]. Tout en faisant ses réserves sur la valeur

1. Le premier mouvement de *Home Rule* indien, provoqué en 1907-1908 par la division du Bengale.
2. 5 mars 1921.
3. *The Poet's Anxiety*, 1er juin 1921.

morale de l'éducation littéraire d'Europe, qui n'a rien de commun avec celle du caractère, et qu'il accuse d'avoir dévirilisé la jeunesse de l'Inde, il condamne les brutalités commises, et proteste de sa liberté d'esprit :

« Je ne tiens pas à ce que ma maison soit bloquée de tous les côtés et à ce que mes fenêtres soient bouchées. Je tiens à ce que le souffle des cultures de tous les pays circule librement à travers ma demeure, mais je me refuse à me laisser emporter par lui. Ma religion n'est pas une religion de prison. Elle a une place pour la moindre créature de Dieu. Elle est fermée à l'insolent orgueil de race, de religion et de couleur. »

Ce sont de nobles paroles. Elles ne désarment pas l'inquiétude de Tagore. Il ne doute point de Gandhi. Mais il craint les Gandhistes. Et, dès ses premiers pas dans l'Inde, après son débarquement, en août 1921, il est suffoqué par leur croyance aveugle aux affirmations du maître. Il voit proche la menace d'un despotisme mental ; et, dans sa *Modern Review*, il publie, le 1er octobre, un véritable manifeste : *L'Appel de la Vérité*, qui s'élève contre cette mentalité d'esclaves. La protestation est d'autant plus frappante qu'elle est précédée d'un splendide hommage à la personne du Mahâtmâ. Tagore, rappelant les débuts du mouvement d'émancipation de l'Inde, en 1907-1908, dit que la vision des chefs politiques indiens était restée livresque ; elle s'inspirait des ombres de Burke, Gladstone, Mazzini, Garibaldi, et se montra incapable de dépasser l'élite, qui parlait anglais.

« A ce moment est venu Mahâtmâ Gandhi. Il s'est tenu sur le seuil de la chaumière des milliers de déshérités, vêtu comme un d'eux. Il leur parlait dans leur propre langue. Là enfin était la vérité, et non une citation d'un livre. Aussi, le nom de Mahâtmâ qui lui a été donné est son vrai nom. Qui d'autre a senti que tous les hommes de l'Inde étaient sa chair et son sang ? Au contact de la vérité, les forces comprimées de l'âme se sont révélées. Aussitôt que le vrai Amour s'est tenu à la porte de l'Inde, la porte s'est ouverte toute grande. Toute hésitation s'est évanouie. La vérité a éveillé la vérité... Honneur au Mahâtmâ qui a rendu visible la puissance de la vérité !... Ainsi, quand Buddha fit entendre la vérité de la Compassion pour tous les êtres vivants, qu'il avait obtenue comme fruit de sa discipline de soi, l'Inde s'est éveillée dans la fleur de sa virilité ; sa force s'est répandue en sciences, en arts et en richesses ; elle a débordé par delà océans et déserts... Nulle exploitation commerciale ou militaire n'a jamais rien fait de pareil... L'Amour seul est le vrai. Quand il donne la liberté, il l'installe au centre de nous-mêmes. »

Mais cette apothéose, brusquement, s'interrompt. La déception la suit.

« Quelques notes de la musique de ce merveilleux réveil de l'Inde par l'amour ont flotté jusqu'à moi à travers les mers... Dans l'attente de respirer la fluide brise de la liberté nouvelle, je suis revenu plein de joie. Mais ce que j'ai trouvé, en arrivant, m'a abattu. Une atmosphère oppressante pesait sur le pays. Je ne sais quelle pression extérieure semblait pousser chacun et tous à parler sur le même ton, à s'atteler à la même meule. Ce que j'ai entendu partout, c'était que la raison et la culture devaient être mises sous clef ; il n'était plus nécessaire que de s'accrocher à l'obéissance aveugle. Tant il est aisé d'écraser, au nom de la liberté extérieure, la liberté intérieure de l'homme ! »

Nous connaissons cette angoisse et cette protestation. Elles sont de tous les temps. Les derniers esprits libres du monde antique finissant les ont fait entendre, en face du monde chrétien qui venait. En face des marées humaines, que soulève aujourd'hui le flux aveugle d'une foi, sociale ou nationale, nous sentons monter en nous cette opposition. C'est l'éternelle révolte de l'âme libre contre les âges de foi, qu'elle-même a suscités : car la foi — pour une poignée d'élus, infinie liberté — est, pour les peuples qui l'acclament, un esclavage de plus.

Mais le blâme de Tagore porte au delà du fanatisme des foules. Par-dessus les masses d'hommes ivres d'obéissance, il atteint le Mahâtmâ. Si grand que soit Gandhi, l'autorité qu'il assume ne dépasse-t-elle pas les forces d'un seul homme ? Une cause comme celle de l'Inde ne peut être remise aux mains d'un maître. Le Mahâtmâ est le Maître de la vérité et de l'amour. Et certes, « la verge d'or qui peut éveiller notre pays à la vérité et à l'amour n'est pas de ces objets qui puissent être fabriqués par l'orfèvre d'à côté... Mais la science et l'art d'édifier le *Swarâj* (Home Rule) est un vaste sujet. Ses sentiers sont difficiles et demandent du temps. Pour une tâche pareille, l'élan et l'émotion sont indispensables, mais non moins l'étude et la pensée. Pour elle, l'économiste doit méditer, l'ouvrier œuvrer, l'éducateur enseigner, l'homme d'État s'ingénier. En un mot, la force morale du pays doit s'exercer dans toutes les directions. Il faut conserver partout l'esprit de recherche, intact et sans entraves. L'intelligence ne doit pas être rendue timide, par une pression ouverte ou cachée. »

Tagore fait donc appel à la coopération de toutes les forces libres de l'Inde.

« Dans nos antiques forêts, nos *gurus* (sages), dans la plénitude de leur vision, lançaient l'Appel à tous les chercheurs de la vérité... Pourquoi notre *guru*, qui veut nous conduire sur les chemins de l'action, ne lance-t-il pas aussi l'Appel ? »

Mais le guru Gandhi n'a lancé que cet unique appel, à chacun et à tous : « Filez et tissez ! »

« Est-ce là cet Appel de l'âge nouveau à la création nouvelle ? Si les grandes machines sont un danger pour l'esprit d'Occident, les *petites machines* ne sont-elles pas pour nous un danger pire ? »

Ce ne serait même pas assez que toutes les forces de la nation coopérassent entre elles, il faut qu'elles coopèrent avec celles de l'univers. « Le réveil de l'Inde est lié au réveil du monde... Dorénavant, toute nation qui s'enfermera en soi ira contre l'esprit de l'âge nouveau. » Et Tagore, qui vient de passer plusieurs années en Europe, évoque le souvenir des hommes qu'il a rencontrés là-bas, de ces bons Européens qui ont libéré leur cœur des chaînes du nationalisme pour le vouer au service de toute l'humanité, —

cette minorité persécutée des citoyens de l'univers, — *cives totius orbis,* — qu'il classe parmi les *Sannyasins*[1] « ceux qui ont dans leur âme réalisé l'Unité humaine... »

« Et nous, nous resterions seuls à nous contenter de réciter le chapelet de la Négation, de revenir sans cesse sur les fautes d'autrui, de poursuivre l'édification du *Swarâj* sur des fondations de haines !... Quand l'oiseau est ranimé par l'aube, tout son réveil n'est pas absorbé par la recherche de la nourriture. Ses ailes répondent inlassablement à l'appel des cieux. Son gosier verse des chants de joie à la lumière nouvelle. L'humanité nouvelle nous a envoyé son appel. Que notre esprit réponde en son propre langage !... Notre premier devoir, à l'aube, est de nous rappeler *Celui qui est Un, qui est sans distinction de classes et de couleurs, et qui, par ses forces variées, pourvoit, comme il est nécessaire, aux besoins de chaque classe et de toutes les classes. Prions Celui qui donne la sagesse de nous unir tous, en une juste compréhension !* »[2]

Cette royale parole, une des plus hautes qu'un peuple ait entendues, ce poème ensoleillé domine toutes les mêlées humaines. Et la seule critique qu'on puisse en faire, c'est qu'il les domine trop. Il a raison, du

1. C'est-à-dire, ceux qui en ont fini avec leur vie personnelle, afin d'apporter l'Unité à l'Homme.
2. Paraphrase de la première stance des Upanishads.

haut des siècles. L'oiseau-poète, *l'alouette de grandeur d'aigle,* (comme disait Heine d'un géant de notre musique), chante sur les ruines du Temps. Il vit dans l'éternel. Mais le présent est pressant. L'heure qui passe veut à ses âpres souffrances un soulagement immédiat, imparfait — mais coûte que coûte ! Et sur ce point, Gandhi, qui manque des envolées de Tagore (ou, qui peut-être, Bôdhisattva de la Pitié, y a renoncé pour vivre avec les déshérités), a beau jeu pour répondre.

Il le fait, cette fois, avec plus de passion qu'il n'en avait montré dans cette noble joûte. Sa réponse ne tarde point ; elle paraît le 13 octobre, dans *Young India,* et elle est pathétique. Gandhi remercie *la grande sentinelle*[1] de mettre l'Inde en garde contre certains dangers. Il est d'accord avec lui sur la nécessité du libre jugement :

« On ne doit donner sa raison à garder à personne. L'abandon aveugle est souvent plus nuisible que la soumission forcée au fouet du tyran. Il y a encore de l'espoir pour l'esclave de la brute ; il n'y en a pas pour celui de l'amour. »

1. *The great sentinel,* titre de l'article du 13 octobre 1921.

Tagore est un bon veilleur qui avertit de l'approche d'ennemis qui se nomment : bigoterie, léthargie, intolérance, ignorance, inertie. Mais Gandhi n'admet point que les reproches de Tagore soient justifiés. Le Mahâtmâ s'adresse toujours à la raison. Et il n'est point vrai qu'il y ait dans l'Inde une obéissance aveugle. Si le pays s'est décidé pour l'emploi du rouet, ç'a été après une lente et laborieuse réflexion. Tagore parle de patience et se satisfait de beaux chants. C'est la guerre ! Que le poète pose sa lyre ! Il chantera, après. « Quand une maison est en feu, chacun prend un seau pour éteindre l'incendie... »

« Quand ceux qui m'entourent meurent, faute d'aliments, la seule occupation qui me soit permise est de nourrir les affamés... L'Inde est une maison en feu... L'Inde meurt de faim, parce qu'elle n'a pas de travail qui lui permette de trouver la nourriture. Khulna meurt de faim... Les *Ceded Districts* passent par une quatrième famine. Orissa souffre de famine chronique... L'Inde devient chaque jour plus exténuée. Dans ses membres, le sang ne circule presque plus. Si nous n'y avisons, elle va s'écrouler... Pour un peuple affamé et inactif, la seule forme sous laquelle Dieu puisse oser apparaître, c'est le Travail et la promesse de manger, en paiement. Dieu a créé l'homme pour qu'il gagnât sa nourriture par son travail, et il a dit que ceux qui mangent sans travailler sont des voleurs... Pensons aux millions d'êtres humains qui sont aujourd'hui moins que des animaux, qui sont presque à la mort ! Le rouet est la vie pour les millions de moribonds. C'est la faim qui pousse l'Inde au rouet... Le Poète vit pour le lendemain et voudrait que nous fissions de même. Il présente à nos regards extasiés la belle peinture des oiseaux, de bon matin chantant des hymnes de louanges, ou prenant leur essor. Ces oiseaux sont nourris. Ils ont leur aliment quotidien, et ils prennent leur essor avec des ailes reposées, dont le sang s'est renouvelé pendant la nuit. Mais j'ai eu la douleur d'observer des oiseaux qui, faute de forces, n'avaient même plus le désir d'agiter faiblement leurs ailes. L'oiseau humain, sous le ciel indien, se lève plus faible que lorsqu'il a fait semblant de se reposer. Pour des millions d'êtres, la vie est une veille éternelle, ou une catalepsie éternelle... J'ai trouvé impossible d'adoucir la souffrance des affamés avec un chant de Kabir... Donnez-leur du travail, afin qu'ils puissent manger !... Mais pourquoi, demande-t-on, moi qui n'ai pas besoin de travailler pour manger, filerais-je ? Parce que je mange ce qui ne m'appartient pas. Je vis de la spoliation de mes compatriotes. Suivez à la trace toutes les pièces de monnaie qui arrivent dans votre poche, et vous verrez la vérité de ce que je dis... Il faut filer. Que chacun file ! Que Tagore file, comme les autres ! Et qu'il brûle ses vêtements étrangers !... C'est le devoir d'aujourd'hui. Dieu s'occupera de demain. Comme dit la *Gîtâ* : *Accomplis l'action juste !* »

Sombres et tragiques paroles ! C'est la misère du monde qui se dresse devant le rêve de l'art, et lui crie : « Ose me nier ! » Qui ne comprend l'émotion passionnée de Gandhi et ne la partagerait !

Et pourtant, il y a dans cette réponse, si fière et si poignante, de quoi légitimer certaines craintes de Tagore : un *Sileat poeta*, un rappel impérieux à la discipline du combat. Obéir sans discussion à la loi du *Swadeshi*, dont la première obligation quotidienne pour tous est l'emploi du rouet.

Dans la bataille humaine, sans doute, la discipline est un devoir. Mais le malheur est que ceux qui sont chargés de l'appliquer — les lieutenants du maître — soient le plus souvent des esprits étriqués : ils se font et font aux autres un idéal de ce qui n'est qu'un moyen pour l'atteindre ; la règle les fascine, par son étroitesse même, car ils ne se trouvent bien que dans la voie étroite. Pour eux, le *Swadeshi* devient un impératif. Il prend un caractère sacré. Un des principaux disciples de Gandhi, professeur à cette école la plus chère à son cœur : le Satyâgrahâshram de Sabarmati, à Ahmedabad, D. B. Kalelkar, publie *L'Evangile du Swadeshi*[1], en tête duquel Gandhi met son Approbation. Cette brochure s'adresse au public populaire. Voyons donc le *Credo* qui est appris au peuple par un de ceux qui sont à la source de la pure doctrine :

« Dieu s'incarne, d'âge en âge, pour la rédemption du monde... Mais ce n'est pas une règle invariable qu'il apparaisse sous la forme d'un être humain. Il le peut aussi bien sous la forme d'un principe abstrait ou d'une grande idée qui pénètre le monde. Le nouvel avatar est l'Évangile du Swadeshi. »

L'Évangéliste convient qu'on peut sourire de cette affirmation, si l'on ne voit dans le Swadeshi qu'une question de boycott de tissus étrangers. Mais cette question n'est qu'une minuscule application pratique d'un vaste « principe religieux, destiné à débarrasser le monde entier de ses dissensions haineuses et à émanciper l'humanité. » Son essence est contenue dans les Saintes Ecritures hindoues. La voici :

« *Ton propre Dharma*[2], *quoique vide de mérites, est le meilleur. L'accomplissement*

1. *The Gospel of Swadeshi*, 1922, Madras.
2. Destin religieux.

d'un Dharma qui ne serait pas le tien est toujours entouré de dangers. Seul atteint au bonheur, qui se concentre sur son propre devoir. »

Cette loi fondamentale du *Swadeshi* s'appuie sur la foi en « un Dieu qui a pourvu pour l'éternité au bonheur de l'univers. Ce Dieu a donné à chacun des êtres humains le milieu qui lui convient, pour accomplir sa tâche spéciale. Toutes les actions de l'homme doivent se conformer à sa situation propre dans sa vie... Pas plus que notre naissance, ou notre famille, ou notre pays, notre culture ne peut être choisie par nous ; nous n'avons qu'à accepter ce qui nous a été donné par Dieu, nous sommes tenus d'accepter nos traditions, comme venant de Dieu, et notre strict devoir est de nous y conformer. Les renier serait péché. »

De ces articles de foi, il suit que l'homme d'un pays n'a pas à s'occuper des autres pays.

« Le dévot du *Swadeshi* ne prend jamais sur lui la tâche vaine d'essayer de réformer le monde, car il croit que le monde s'est mû et se mouvra toujours selon les plans fixés par Dieu... On ne doit pas s'attendre à ce que le peuple d'un pays pourvoie aux besoins d'un autre pays, même pour des motifs philanthropiques ; et si c'était possible, ce ne serait pas désirable... Le vrai dévot du Swadeshi n'oublie pas que tout être humain est son frère, mais il est tenu de faire la tâche qui lui est dévolue par sa naissance... De même que nous sommes tenus de servir le siècle où nous sommes nés, de même nous devons servir à tout prix la terre natale... L'émancipation de notre âme doit être cherchée par le moyen de notre propre religion et de notre propre culture. »

Est-il permis du moins à un peuple de développer tous les moyens qu'il a de s'accroître, son commerce, ses industries ? Nullement. Désir indigne, de vouloir doter l'Inde de grandes manufactures ! Ce serait faire violer à d'autres hommes leur Dharma. Et il est aussi criminel d'exporter ses produits que d'importer ceux des autres. Car « le prosélytisme répugne au principe du *Swadeshi* ». Et la conséquence logique (bien qu'inattendue pour un Européen) de cette loi est qu'il ne faut pas plus exporter ses produits que ses idées. Si l'Inde a été durement abaissée dans l'histoire, c'est en expiation du crime lointain des ancêtres qui commercèrent avec l'Egypte et avec Rome, crime répété par toutes les générations qui suivirent ces errements, sans s'amender. Que chaque pays, chaque classe s'en tienne à sa propre tâche, vive de ses propres ressources et de ses traditions !

« Evitons d'être intimes avec ceux dont les usages sociaux sont différents des nôtres. On ne doit pas entrelacer sa vie avec celle des hommes ou des peuples, dont l'idéal est en désaccord avec le nôtre... Chaque homme est un ruisseau. Chaque peuple est un fleuve. Ils doivent suivre leur lit, limpides et sans souillure, jusqu'à ce qu'ils aient atteint la mer du Salut, où ils se mêleront tous. »

C'est le triomphe du Nationalisme. Le plus pur. Le plus étroit. Rester chez soi. Fermer toutes les portes. Ne rien changer. Tout conserver. Ne rien vendre au dehors. Ne rien acheter. Se purifier. Un Évangile médiéval de moines cloîtrés[1]. Et Gandhi, au cœur large, y laisse attacher son nom !

On comprend le saisissement de Tagore, devant ces illuminés du nationalisme réactionnaire, qui prétendent arrêter le cours des siècles, mettre en cage l'essor de l'esprit,

---

1. Ça et là d'ailleurs, d'admirables prescriptions morales : Point de vengeances ! « Ce qui est passé est passé. Le passé est irrévocable, il est devenu une partie de l'éternité, et l'homme n'a plus aucun recours contre lui. Ne songe pas à des représailles pour les injustices et les offenses passées ! Que le passé mort enterre ses morts ! Dans le présent qui vit, agissons en prenant pour guides notre cœur et Dieu ! » — D'un bout à l'autre du livre une pureté de glacier.

et couper tous les ponts avec l'Occident[1]. A la vérité, ce n'est point la vraie pensée de Gandhi. Il écrit en propres termes à Tagore : « *Le Swadeshi est un message au monde.* » (Donc il tient compte du monde, et il ne répudie pas le « prosélytisme »). « *La Non-coopération n'est pas dirigée contre l'Occident. Elle est contre la civilisation matérielle et contre l'exploitation des faibles qui en résulte.* » (Donc, elle ne combat que les erreurs de l'Occident et travaille pour le bien même de l'Occident). « *C'est une retraite en nous-mêmes* », (mais une retraite provisoire, pour rassembler nos forces, avant de les mettre au service de l'humanité). « *L'Inde doit apprendre à vivre, avant d'apprendre à mourir pour l'humanité...* » Et

---

1. Tagore devait être d'autant plus sensible à des écrits comme celui-ci qu'entre l'Ashram de Gandhi (d'où est issu cet Evangile) et Santiniketan de Tagore, s'était instituée une rivalité, que les deux chefs s'efforçaient d'éviter. On le voit par un article du 9 février 1922, dans *Young India* : Gandhi s'y plaint de paroles qu'un journaliste lui a attribuées au sujet de l'Ashram, et qui ont un caractère désobligeant pour Santiniketan. Il proteste de son respect pour la maison de Tagore, — non sans quelque humour voilé : « S'il me fallait décider de la supériorité de l'un ou de l'autre, dit-il, en dépit de la discipline et du lever matinal à l'Ashram, je vote pour Santiniketan. Il est le frère aîné, beaucoup plus vieux d'âge, et aussi de sagesse ». Mais, ajoute-t-il malicieusement, « que les habitants de Santiniketan prennent garde à la course du petit Ashram ! »

Gandhi ne refuse nullement la coopération des Européens, à condition qu'ils se conforment à l'idéal salutaire qu'il offre à tous les hommes.

Cette vraie pensée de Gandhi est infiniment plus large, plus humaine, plus universaliste[1] que celle de l'*Evangile* publié sous son égide. Pourquoi donc y a-t-il donné son nom ? Pourquoi laisse-t-il enfermer son grandiose idéal, qui s'offre à toute la terre, dans les limites étroites d'une théocratie indienne ? Redoutables disciples ! Plus ils sont purs, et plus ils sont funestes. Dieu préserve un grand homme de ces amis qui ne saisissent qu'une partie de sa pensée ! En la codifiant, ils détruisent l'harmonie, qui est le principal bienfait de son âme vivante !

---

1. A mon sens, Gandhi est aussi universaliste que Tagore, mais d'une autre façon. Il l'est par la conscience morale, Tagore par l'intelligence. Gandhi n'exclut personne de la communion de la prière et du travail quotidien. Ainsi, l'apôtre des premiers temps ne distinguait pas entre juifs et gentils; mais à tous il imposait la même discipline morale. C'est ce que veut Gandhi. Mais là justement est son étroitesse: non dans le cœur, qui est aussi large que celui d'un Christ, mais dans l'esprit d'ascétisme intellectuel et de dépouillement. (Et cela aussi est du Christ !) Gandhi est un universaliste médiéval. Tout en le vénérant, nous sommes avec Tagore.

Ce n'est pas tout. Ceux-ci, du moins, qui vivent tout près du maître, ses disciples directs, restent encore teintés de sa noblesse morale. Mais ceux qui sont les disciples des disciples, — et les autres, les peuples à qui n'arrivent que des échos déformés, que retiendront-ils de sa doctrine de purification intérieure et d'abnégation créatrice ? Le plus extérieur, le plus matériel : une attente messianique du *Swarâj* (Home Rule) par le rouet ! La négation du progrès. Le *fuori Barbari !* Tagore s'alarme, non sans raison, de la violence que les apôtres de la Non-violence (et Gandhi lui-même n'en est pas exempt) témoignent à l'égard, non des hommes, mais des choses d'Occident. Gandhi a bien soin de dire qu' « il se retirerait de la lutte, s'il y sentait de la haine contre les Anglais », qu'on doit aimer ceux que l'on combat, qu'il faut haïr leurs injustices, « *haïr le Satanisme tout en aimant Satan* ». Mais c'est un jeu bien subtil pour l'esprit populaire. Lorsqu'à chaque Congrès, les chefs du mouvement rappellent passionnément les crimes des Anglais et leur déloyauté, les massacres du Punjab et le Khilafat, les colères s'amassent derrière l'écluse, et malheur lorsque l'écluse craquera ! Lorsque Gandhi préside au bûcher des étoffes précieuses à Bombay, en août 1921, et répond aux adjurations éplorées d'Andrews, l'ami de Tagore, par son *Ethique de la Destruction*[1], il croit qu'« il transfère la rancune du peuple des hommes sur les choses ». Mais il ne s'aperçoit pas que la rancune du peuple se fait la main, et qu'elle pense : « Les choses, d'abord ! Ensuite, les hommes ! » Et il ne prévoit pas qu'en ce même Bombay, moins de trois mois après, le peuple tuera les hommes. Il est trop saint, trop pur, trop dénué des passions animales qui sont tapies dans l'homme. Il ne songe pas assez qu'elles sont là, qui l'écoutent et happent ses paroles. Tagore, plus clairvoyant, remarque l'imprudence des non-coopérateurs, qui, en toute innocence, rappelant sans relâche les torts commis par l'Europe, professent la non-violence, en inoculant à l'esprit populaire le virus de la fièvre qui amènera la violence. Ils ne s'en doutent pas, les apôtres qui ne

1. 1er septembre 1921.

sentent point la violence en leurs cœurs ! Mais qui touche à l'action doit écouter les cœurs des autres, et non pas le sien. Gare au peuple ! *Cave canem !* Pour le tenir en laisse, les injonctions morales d'un Gandhi ne suffiront pas. Une seule chance peut-être, pour qu'ils obéissent sans broncher à l'austère discipline du maître : c'est que ce maître consente à être un Dieu, comme l'en sollicitent secrètement ceux qui le représentent déjà en Shri-Krishna. Mais la sincérité de Gandhi et son humilité s'y refusent.

Alors, il ne reste plus que la voix isolée du plus pur des hommes qui plane sur les grondements d'un océan humain. Combien de temps encore réussira-t-elle à s'en faire entendre ? Grandiose et tragique attente !

IV

Toute l'année 1921, où l'action s'accélère, est pleine d'incertitudes et de cahots violents. Gandhi n'échappe pas à leurs oscillations.

La révolte fermentait, et les répressions brutales du gouvernement en précipitaient le rythme. Des émeutes sanglantes éclatent à Malegaon, dans le district de Nasik, des troubles à Giridih, en Behar. Au début de mai 1921, des scènes plus graves en Assam : douze mille coolies, abandonnant leur travail aux plantations de thé, sont attaqués dans leur exode par des Gourkhas, au service du gouvernement. Les employés des chemins de fer et des paquebots, au Bengale oriental, font une grève complète de deux mois, par protestation. Gandhi s'efforce encore de jouer un rôle de conciliateur ; il a, au mois de mai, une longue entrevue avec le vice-roi, lord Reading ; il lui offre sa médiation auprès des frères Ali, accusés de discours poussant à la violence ; il obtient de ses amis musulmans la déclaration formelle qu'ils ne feront jamais appel à la violence.

Mais la vigueur du mouvement n'en est pas diminuée ; et l'élément musulman de l'Inde continue de prendre les initiatives les plus hardies. Le 8 juillet, à Karachi, la Conférence du Khilafat de toute l'Inde réitère les réclamations de l'Islam, déclare « illégal pour un musulman de servir dans l'armée ou d'aider au recrutement », et menace le gouvernement anglais, s'il combat le gouvernement d'Angora, de proclamer, à la session de fin d'année du Congrès de toute l'Inde, la Désobéissance Civile et la République Indienne. — Le 28 juillet, le Comité du Congrès de toute l'Inde, réuni à Bombay, (premier Comité élu d'après la Constitution nouvelle), édicte que le devoir de tous est de boycotter le prince de Galles, dont la venue est prochaine, — décide le boycott complet de tous les tissus étrangers avant le 30 septembre, — encourage et réglemente le filage et le tissage nationaux, stimule la campagne contre les boissons, malgré le gouvernement qui protège les débitants. Mais, plus prudent que les musulmans du Khilafat, il blâme les troubles et déconseille, pour l'instant, la désobéissance civile, en même temps qu'il étend la propagande de non-violence.

En août, se déchaîne une brutale émeute des Moplahs, qui dure plusieurs mois. Gandhi, avec Maulana Mohamed Ali, veut aller de Calcutta à Malabar, pour la pacifier. Le gouvernement ne le permet pas, et fait arrêter, en septembre, Maulana Mohamed, son frère Maulana Shaukat Ali, et plusieurs notables musulmans, pour les propositions de désobéissance civile, votées à la Conférence du Khilafat. Sur-le-champ, le Comité Central du Khilafat, à Delhi, répète la résolution du Khilafat, qu'affirment énergiquement des centaines de meetings. Le 4 octobre, Gandhi se déclare solidaire de ses frères musulmans. Avec cinquante membres éminents du Congrès, il publie un manifeste, qui revendique le droit pour tout citoyen d'exprimer son opinion sur la non-participation au gouvernement, affirme qu'il est inconvenant pour tout Indien de servir, soit comme fonctionnaire civil, soit comme soldat, un gouvernement qui a causé la dégradation morale, économique et politique de l'Inde, et proclame le devoir pour chacun de s'en séparer.— Le procès des frères Ali a lieu à Karachi. Ils sont condamnés, avec leurs co-accusés, à deux ans d'emprisonnement rigoureux. L'Inde riposte, avec une vigueur accrue. Le manifeste de Gandhi est entériné, le 4 novembre, par le Comité du Congrès de toute l'Inde, à Delhi. Le Comité fait le pas décisif ; il autorise chaque province, sous sa responsabilité propre, à entreprendre la Désobéissance civile, jusqu'à et y compris le refus de paiement des taxes. Il pose comme conditions que les Résistants doivent avoir fait acte d'adhésion absolue au programme du *Swadeshi* et de la Non-coopération, y compris le filage à la main et l'engagement essentiel de Non-violence. — Il tâche ainsi, sous la direction de Gandhi, de concilier la révolte avec la discipline et la loi du sacrifice. Pour bien souligner celle-ci, il avertit les Résistants civils et leurs familles qu'ils n'aient pas à compter sur l'aide pécuniaire du Congrès.

La grande Désobéissance allait commencer, quand, le 17 novembre, le prince de Galles débarqua à Bombay. L'ordre de boycott fut exécuté par les classes moyennes et inférieures. Les riches, les Parsis, les personnalités officielles, n'en tinrent pas compte. La populace les malmena, sans épargner les femmes ; et l'émeute rapidement s'étendit ; il y eut des maisons saccagées, des blessés et des tués. Ce fut la seule explosion brutale, dans toute l'Inde, où le *Hartal* prescrit (la grève solennelle) fut religieusement accompli, en paix, sans incidents. Mais Gandhi en fut, comme il dit, « transpercé par une flèche ». A la première nouvelle des troubles, il accourut sur les lieux, où les émeutiers l'acclamèrent : sa honte en redoubla. Il apostropha durement la foule, et lui enjoignit de se disperser. Il dit que les Parsis avaient le droit de fêter le prince s'ils voulaient, et que rien ne pouvait excuser les indignes violences. La foule se tut ; mais plus loin, les troubles se rallumèrent. Les pires éléments étaient sortis de terre ; vingt mille hommes soulevés ne se laissent pas sur-le-champ remettre à la raison. L'émeute toutefois resta limitée ; la moindre de nos journées révolutionnaires d'Europe laisse plus de dégâts. Gandhi lança aux citoyens de Bombay et aux non-coopérateurs des appels désolés, que reproduisit la presse. Il déclarait que de pareilles scènes rendaient impossible actuellement la Désobéissance civile en masse, et il en suspendit l'ordre. Pour se punir lui-même des violences des autres, il s'imposait un jeûne religieux de cinq jours[1]. Les Européens de l'Inde avaient été moins alarmés encore des troubles de Bombay que de la saisissante unanimité du Hartal silencieux dans toute l'étendue de l'Inde. Ils pressèrent le vice-roi d'agir. Une série de mesures violentes, qui ne respectaient pas la légalité, furent prises par les gouvernements des provinces. On ressortit une vieille loi de 1908 contre les anarchistes et les sociétés secrètes; on l'utilisa contre les associations de volontaires du Congrès et du Khilafat. Des milliers d'arrestations furent faites. En réplique, des milliers de volontaires nouveaux s'inscrivirent sur des listes publiques. Les Comités des provinces eurent ordre d'organiser les troupes de volontaires et de leur imposer une discipline uniforme. Un *Hartal* fut décidé pour le 24 décembre, jour de la

1. Le jeûne de 24 heures par semaine est régulier chez Gandhi.

visite du prince à Calcutta. Et le jour dit, le prince traversa Calcutta désert.

En ces heures qui semblaient couver la Révolution, s'ouvrit à Ahmedabad le Congrès national de toute l'Inde. Il eut la solennité émouvante des États généraux de 1789. Le président venait d'être incarcéré. Les discussions furent brèves. Le Congrès réaffirma la doctrine de Non-coopération, convia tous les citoyens à s'offrir comme « volontaires », afin d'être arrêtés, invita le peuple de l'Inde à former partout des meetings, proclama sa foi dans la Désobéissance civile, égale en force et supérieure en humanité à la rébellion armée ; et il conseilla de l'organiser, aussitôt que la masse serait suffisamment initiée aux méthodes de Non-violence. Prévoyant que la plupart de ses membres seraient arrêtés, à l'issue de la session, le Congrès délégua à Gandhi tous ses pouvoirs, la dictature de fait, avec la faculté de choisir son successeur ; il le laissait seul maître de la politique indienne, sous l'unique réserve de ne pas modifier le *Credo* national et de ne pas conclure de paix avec le gouvernement, sans l'assentiment du Comité du Congrès. Une fraction de l'Assemblée avait déposé une motion qui tendait à l'action violente, pour établir au plus tôt l'indépendance complète de l'Inde. La majorité la rejeta, s'en tenant aux principes de Gandhi.

Les semaines qui suivirent manifestèrent l'enthousiasme religieux qui s'était emparé de l'Inde. 40.000 hommes et femmes s'offrirent joyeusement à la prison.

Derrière eux, des milliers d'autres se levaient, attendant leur tour d'affirmer leur conviction. Une nouvelle fois, Gandhi s'apprêta à lancer l'ordre de la Désobéissance civile en masse. Le signal devait être donné par un pays modèle, où sa pensée avait toujours trouvé une terre d'élection, Bardoli, dans la province de Bombay[1]. Gandhi l'annonce au vice-roi par une lettre publique du 9 février 1922, qui est une courtoise, mais nette déclaration de guerre. Il est, dit-il, le chef responsable du mouvement. Bardoli est la première unité de la révolte en masse de l'Inde contre le gouvernement, qui a brutalement attenté à la liberté de parole,

1. 140 villages ; 87.000 habitants.

d'association, et de la presse. Gandhi accorde sept jours à lord Reading, pour amender sa politique. Sinon, l'ordre est donné : la révolte commencera[1].

La lettre au vice-roi venait à peine de partir, quand un drame plus sanglant que les précédents se produisit à Chauri-Chaura, dans le district de Gorakhpur. Au cours d'une procession, des policiers avaient attaqué la foule. Attaqués à leur tour, ils ouvrirent le feu et se réfugièrent dans la Thana[2]. La populace l'incendia. En vain, les assiégés demandèrent grâce, ils furent massacrés et brûlés. La provocation était venue d'eux ; et à leur meurtre aucun volontaire de la Non-coopération n'avait participé. Gandhi avait donc le droit d'en dégager sa responsabilité. Mais il était devenu vraiment la Conscience de l'Inde. Le crime d'un seul Indien l'ensanglantait. Il prenait sur lui tous les péchés de son peuple. — Son déchi-

1. Une note du même jour, dans *Young India*, annonce à l'Inde cet ultimatum, avec plus d'énergie encore. Si le vice-roi ne répond point, l'ordre est irrévocable; la Désobéissance civile doit être accomplie, à tout prix, quand bien même à présent la majorité se prononcerait contre.

2. Les bâtiments de police.

rement fut tel que, sur l'heure, il arrêta, pour la seconde fois, le mouvement qu'il venait de décréter. La situation était beaucoup plus pénible, cette fois, qu'après l'émeute de Bombay. Il avait, quelques jours avant, envoyé son ultimatum au vice-roi. Comment le retirer sans ridicule ? L'orgueil, « Satan » comme il dit, le lui défendait. C'était une raison de plus pour qu'il s'y décidât.

Le 16 février 1922, paraît dans *Young India* un des plus extraordinaires documents de cette vie[1], son *Mea Culpa*, sa Confession publique. Du fond de sa mortification, la première parole qui s'élève est de jubilation, pour remercier Dieu de l'avoir humilié :

« Dieu a abondé pour moi en bienveillance. (*God has been abundantly kind to me*). Pour la troisième fois, il m'a averti que l'Inde ne possédait pas encore cette atmosphère de Non-violence et de Vérité qui peut, et qui peut seule, justifier la Désobéissance civile en masse, — la seule digne d'être appelée civile, c'est-à-dire douce, humble, sage, volontaire et pourtant aimante, jamais criminelle et haineuse. Il m'avertit, pour la première fois en 1919, quand commença l'agitation contre l'Acte Rowlatt. Ahme-

1. *The Crime of Chauri-Chaura.*

dabad, Viramgam et Kheda ont erré. Amritsar et Kasur ont erré. Je suis revenu sur mes pas, j'ai appelé mon erreur une faute de calcul himalayenne, je me suis humilié devant Dieu et devant les hommes, j'ai arrêté non seulement la désobéissance civile en masse, mais la mienne... La deuxième fois, ce fut par les événements de Bombay. Dieu m'en fit le témoin oculaire... J'arrêtai la Désobéissance en masse, qui devait être commencée à Bardoli. L'humiliation fut plus grande, mais elle m'a fait du bien. Je suis sûr que la nation a gagné par ce retard : ainsi, l'Inde est restée la représentante de la Vérité et de la Non-violence. Mais la plus amère humiliation est celle d'aujourd'hui... Dieu a parlé clairement par Chauri-Chaura... A l'heure où l'Inde prétend monter sur le trône de la liberté par la Non-violence, la violence de la populace est d'un triste augure... Il faut un contrôle des Non-coopérateurs sur la violence du pays. Ce ne sera possible que lorsque les *hooligans* (les hommes sans aveu) de l'Inde seront maîtrisés... »

Il a donc réuni, le 13 février, à Bardoli, le Comité d'action du Congrès, et il lui a exposé son trouble. Plusieurs de ses collègues n'ont pas été d'accord avec lui. Mais il a été « béni » du ciel, dit-il, pour avoir trouvé chez eux tant d'indulgence et de considération. Ils ont compris ses scrupules et consenti, sur ses instances, à suspendre la Désobéissance civile, en invitant toutes les organisations à créer une atmosphère de Non-violence.

« Je sais, continue Gandhi, que cela semblera d'une politique peu sage ; mais cela est raisonnable selon la religion. Le pays aura gagné par mon humiliation et par la confession de mon erreur. La seule vertu à laquelle j'aspire, c'est la Vérité et la Non-violence. Je ne prétends nullement à des facultés surhumaines. Je n'y tiens point. Je porte la même chair corruptible que le plus faible, et je suis aussi exposé à l'erreur. Mes services ont bien des limitations ; mais Dieu jusqu'ici les a bénis, en dépit des imperfections... La confession de l'erreur est un coup de balai... Je me sens plus fort parce que je me suis confessé, et la cause doit gagner, du fait même de son recul. Jamais homme n'a atteint son but, en persistant à dévier du droit chemin... On m'objecte que le crime de Chauri-Chaura n'a rien à voir avec l'action projetée de Bardoli. Je n'en doute point. Le peuple de Bardoli est, à mon avis, le plus pacifique de l'Inde. Mais Bardoli n'est qu'un point. Son effort ne peut réussir que s'il y a corrélation parfaite entre lui et les autres parties de l'Inde... Un grain d'arsenic dans un pot de lait l'empoisonne... Chauri-Chaura est un poison mortel... Il n'est pas unique et isolé. Il est un symptôme aggravé de violences populaires à l'état sporadique, çà et là répandues... *La véritable Désobéissance civile ne comporte aucune excitation. Elle est une préparation à la souffrance muette.* Son effet est merveilleux, quoique imperceptible et doux... La tragédie de Chauri-Chaura est le doigt indicateur sur notre route. Si nous ne voulons pas que la violence sorte de la non-violence, nous devons revenir en hâte sur nos pas, rétablir une atmosphère de calme, et ne pas songer à commencer la Désobéissance en masse, avant d'être certains que la paix sera conservée, en dépit de tout... Que l'adversaire nous accuse de lâcheté ! Mieux vaut être mal jugé que de trahir Dieu... »

Et l'apôtre veut expier le sang répandu par d'autres.

« Je dois subir une purification personnelle. *Je dois être en état d'enregistrer mieux la plus légère variation de l'atmosphère morale autour de moi* [1]. Mes prières doivent avoir plus de vérité et d'humilité. Rien de purifiant comme le jeûne vrai, pour obtenir une expression de soi plus complète, une maîtrise de l'esprit sur la chair... »

Il décrète pour lui, publiquement, un jeûne continu de cinq jours. Que personne ne l'imite ! Il doit se châtier seul. Il a été un chirurgien maladroit. Il lui faut, ou abdiquer, ou acquérir une expérience plus ferme. Son jeûne est, à la fois, pénitence et châtiment, pour lui et pour ceux de Chauri-Chaura, qui ont péché, en ayant peut-être son nom sur les lèvres. Gandhi souhaiterait d'être seul à souffrir pour eux ; mais il leur conseille

---

1. Que l'on note cette lumière jetée sur le pouvoir mystérieux de cette âme, où s'inscrivent les frémissements de son peuple!

de se livrer au gouvernement et de faire des aveux. Car ils ont fait un mal terrible à la cause qu'ils voulaient servir.

« Je voudrais souffrir toutes les humiliations, toutes les tortures, l'ostracisme absolu, et la mort même, pour empêcher notre mouvement de devenir violence ou précurseur de violence... »

L'histoire de la conscience humaine compte peu de pages aussi hautes. La valeur morale d'un tel acte est exceptionnelle. Mais comme acte politique, il était déconcertant. Gandhi reconnaissait lui-même qu'on pourrait le juger « politiquement absurde et peu sage ». Il est dangereux de bander tous les ressorts d'un peuple, de le faire haleter d'attente devant l'acte prescrit, de lever le bras pour l'ordre, et puis lorsque déjà s'ébranle la formidable machine, par trois fois de l'arrêter. On risque d'user les rouages et de casser l'élan.

Quand se réunit à Delhi, le 24 février 1922, le Comité du Congrès, ce ne fut pas sans une vive opposition que Gandhi put faire adopter les résolutions prises, le 13, à Bardoli. Une scission se manifesta parmi les Non-coopérateurs. Gandhi voulait qu'avant de se remettre en marche, on s'organisât plus sévèrement ; et il apportait un programme de construction. Mais beaucoup s'irritaient de ces lenteurs, ils protestaient contre la suspension de l'ordre de révolte et disaient qu'on étouffait la ferveur du pays. Un parti présenta un vote de censure contre le Comité d'action et demanda que ses ordres fussent annulés. Gandhi l'emporta pourtant. Mais il souffrit profondément. La majorité même qui le suivait ne lui fit pas illusion. Il ne la sentait pas sincère. Et plus d'un qui votait pour lui, derrière lui l'appelait « Dictateur ». Il se savait, au fond, en désaccord avec le pays. Il le dit, avec son intrépide franchise, le 2 mars 1922 :

« Il y a dans la majorité tant de courants cachés de violence, conscients ou inconscients, que j'ai prié pour une défaite désastreuse. J'ai toujours été en minorité. Au Sud-Afrique, j'ai commencé avec l'unanimité, je suis descendu à une minorité de 64, et même de 16, et j'ai remonté de nouveau à une énorme majorité. Le travail le meilleur et le plus solide a été fait dans le désert de la minorité... J'ai la peur de la majorité. Je suis écœuré de l'adoration de la multitude sans jugement. Je sentirais le terrain plus ferme sous mes pas, si elle crachait sur moi... Un ami m'a averti de ne pas exploiter ma dictature... Loin de l'avoir exploitée, je me demande si je ne me laisse pas moi-même « exploiter »! J'avoue que j'en ai une terreur comme jamais avant. Mon seul salut est dans mon impudence. J'ai averti mes amis du Congrès que je suis incorrigible. Chaque fois que le peuple commettra des bévues, je continuerai à les confesser. Le seul tyran que je reconnaisse en ce monde est la « petite voix silencieuse » (*the still small voice*), qui est au-dedans de nous. Et même si je devais envisager une minorité d'un seul, j'aurais le courage d'être de cette minorité désespérée. C'est là pour moi le seul parti sincère. Je suis aujourd'hui un homme plus triste et, je le crois, plus sage. Je vois que notre Non-violence est à fleur de peau. Nous brûlons d'indignation. Le gouvernement l'alimente par ses actes insensés. On dirait presque qu'il désire voir ce pays couvert de meurtres, d'incendies et de rapines, afin de pouvoir prétendre qu'il est le seul capable de les réprimer. Notre Non-violence me paraît due à notre impuissance : comme si, dans nos cœurs, nous caressions le désir de nous venger, dès que nous en aurons l'occasion. Est-ce que la Non-violence volontaire peut sortir de cette Non-violence forcée des faibles ? N'est-ce pas une expérience vaine que je suis en train de tenter ?... Et si, quand la fureur éclatera, pas un ne restait indemne, si la main de chacun se levait contre son prochain, à quoi servirait-il alors que je jeûne à en mourir, après un tel désastre ?... Si vous n'êtes pas capables de la Non-violence, adoptez loyalement la violence ! Mais pas d'hypocrisie[1] ! La majorité prétend accepter la Non-violence... Qu'elle

1. Il était devenu clair pour Gandhi qu'une partie de sa majorité, qui soutenait la Non-violence, n'y voyait, secrètement, qu'un expédient politique, masquant la préparation à la violence. Ils parlaient doucereusement, dit Gandhi, de

connaisse donc sa responsabilité ! Elle est tenue de retarder maintenant la Désobéissance civile et de faire d'abord œuvre constructive... Sinon, nous serons noyés dans des eaux dont nous ne soupçonnons pas les profondeurs... »

Et, se tournant vers la minorité, il lui disait :

« Vous ne voulez pas de la Non-violence ? Sortez du Congrès ! Formez un nouveau parti ! Énoncez publiquement votre Credo ! Et que le pays choisisse entre nous !... Mais pas d'équivoques ! Soyez francs !... »

Il y a une amère tristesse, mais virile, dans ces fortes paroles. C'était la nuit du Jardin des Oliviers. Gandhi allait être arrêté... Qui sait si, dans le fond de son cœur, il n'accueillit point l'événement comme une délivrance ?...

Il s'y attendait depuis longtemps. Dès le 10 novembre 1920, toutes ses mesures étaient prises. Il avait dicté ses instructions au peuple, pour le jour où il ne serait plus là (*If I am arrested*). Il y revint, dans un nouvel article du 9 mars 1922, quand le bruit de son arres-

---

« donner *des coups non-violents* ! » Gandhi avait saisi l'équivoque dangereuse, que Tagore avait aperçue depuis longtemps. Et il en était suffoqué. Plus durement que Tagore, maintenant, il la dénonce et lui rompt en visière.

tation commença à se répandre. Il ne craint rien, dit-il, des violences du gouvernement. Il ne craint qu'une chose, les violences du peuple. Il en serait déshonoré. « Que le peuple considère le jour de mon arrestation comme un jour de réjouissance ! Le gouvernement croit que, Gandhi arrêté, on en aura fini avec l'Inde. Prouvez-lui le contraire ! Qu'il mesure la force du peuple ! » Le plus beau témoignage d'honneur que le peuple puisse lui rendre, c'est de garder une paix parfaite. Gandhi serait humilié de penser que le gouvernement hésite à l'arrêter, de peur d'un soulèvement sanglant. Donc, que le peuple reste calme, qu'il ne suspende point son travail, qu'il ne forme point de meetings ! Mais que les tribunaux se ferment, que les services du gouvernement soient abandonnés, que les écoles officielles soient désertées, que s'exécute en son intégralité, avec ordre et discipline, le programme de Non-coopération ! Si le peuple agit ainsi, il aura la victoire. Sinon, il sera écrasé.

Tout étant prêt, Gandhi se rendit dans sa chère retraite, Ashram de Sabarmati, près d'Ahmedabad, pour y attendre, dans le recueillement, au milieu des disciples aimés, l'arrivée de ceux qui allaient l'arrêter. Il aspirait à la prison. En son absence, la foi de l'Inde s'en manifesterait mieux. « Et lui, il trouverait un repos, que peut-être il méritait[1]... »

Le soir du 10 mars, peu après la prière, les hommes de police arrivèrent. L'Ashram était averti de leur venue. Le Mahâtmâ se remit dans leurs mains. Sur le chemin de la prison, il rencontra Maulana Hasrat Mohani, son ami mahométan, qui de loin était accouru, juste à temps pour l'embrasser. Il fut conduit à la geôle, avec le *publisher*[2] de *Young India*, Banker. Sa femme eut permission de l'accompagner jusqu'au seuil.

Le samedi 18 mars, à midi, s'ouvrit le « grand procès[3] », devant le juge de district et sessions d'Ahmedabad. Il fut d'une rare noblesse. Le juge et l'accusé firent assaut de courtoisie chevaleresque. Jamais l'Angleterre ne s'éleva, dans la lutte, à une plus magnanime impartialité. Le juge, C. N. Broomsfield, racheta en ce jour bien des fautes du

1. 9 mars 1922.
2. C'est-à-dire l'imprimeur-éditeur.
3. *The Great Trial*, 23 mars 1922, *Young India*.

gouvernement. Le récit du procès, publié par les amis de Gandhi, a été reproduit en partie dans la presse d'Europe, et des échos en sont parvenus en France. Je le résumerai donc seulement.

Pourquoi le gouvernement s'était-il résolu à arrêter Gandhi ? Après avoir, deux ans, hésité à le faire, comment avait-il pu choisir, pour donner l'ordre, le moment où le Mahâtmâ venait de refréner la révolte de son peuple et paraissait la seule barrière à la violence ? Était-ce aberration ? Ou voulait-il confirmer la terrible phrase de Gandhi : « Il semble que le gouvernement désire voir ce pays couvert de meurtres, d'incendies et de rapines, pour avoir un prétexte à les réprimer ! » — En vérité, sa situation était difficile. Le gouvernement estimait et redoutait Gandhi. Il eût voulu le ménager ; mais Gandhi ne le ménageait point. Le Mahâtmâ condamnait la violence ; mais sa non-violence était plus révolutionnaire que toutes les violences. Dans les mêmes jours où il s'opposait à la Désobéissance civile en masse, la veille du Congrès de Delhi, le 23 février, il avait publié un de ses articles les plus menaçants pour la puissance britannique. Un insolent télégramme de lord Birkenhead et de M. Montagu venait de souffleter l'Inde[1]. Gandhi avait, dans un sursaut d'indignation, relevé l'injurieux défi :

« Point de compromis avec l'Empire, tant que le lion britannique secouera à notre face ses griffes sanglantes !... L'empire britannique, bâti sur l'exploitation organisée des races physiquement plus faibles de la terre et sur un étalage conventionnel de force brutale, ne peut durer, s'il y a un Dieu juste, gouvernant l'univers. Il est grand temps que le peuple britannique se rende compte que le combat, commencé en 1920, est un combat jusqu'au bout, qu'il dure un mois, un an, des mois ou des années... Je prie Dieu qu'il donne à l'Inde une humilité et une force suffisantes pour rester non-violente jusqu'à la fin. Mais se soumettre à ces insolents défis est impossible... »

C'était sur cet article et sur deux autres plus récents[2] que se fondait l'accusation.

1. « Si l'existence de notre Empire était mise en jeu, si l'on empêchait le gouvernement britannique de remplir ses responsabilités envers l'Inde, si l'on s'imaginait que nous songions à nous retirer de l'Inde, l'Inde défierait sans succès le peuple le plus résolu du monde, qui répondrait avec toute la vigueur nécessaire. »

2. Du 19 septembre et du 15 décembre 1921. Le premier, à propos de l'accusation portée contre les frères Ali; le second, en réponse à un irritant discours de lord Reading. On y trouve la même déclaration de « guerre jusqu'au bout » . — « Nous voulons renverser le gouvernement, l'obliger à se soumettre à la volonté du peuple. Nous ne demandons pas quartier, nous ne l'attendons pas... »

Gandhi était inculpé « d'avoir provoqué à la désaffection, d'avoir excité à la haine et au mépris contre le gouvernement de Sa Majesté, établi par les lois ». Il n'avait point de défenseur. Il plaida coupable à toutes les charges.

L'avocat général, sir J. T. Strangman, de Bombay, soutint que les trois articles retenus par l'accusation n'étaient pas isolés, mais qu'ils faisaient partie d'une campagne poursuivie depuis deux ans contre le gouvernement, et il le prouva par des citations. Il reconnut les hautes qualités de Gandhi. Le mal que pouvaient causer de tels écrits n'en était que plus grave. Il attribua à Gandhi les événements sanglants de Bombay et de Chauri-Chaura. Sans doute, Gandhi prêchait la Non-violence, mais en même temps la désaffection. Il était donc responsable des violences populaires.

Gandhi demanda la parole. Ses combats de conscience, ses angoisses, ses doutes des dernières semaines sur la justesse des décisions qu'il avait dû prendre et sur les répercussions qu'elles pouvaient avoir dans la conscience de son peuple s'étaient dissipés. Il avait repris la maîtrise sereine de son âme. Il acceptait tout ce qui s'était passé, tout ce qui se passerait encore, comme une nécessité, qu'il pouvait regretter, mais qu'il devait porter. — Il se déclara d'accord avec l'avocat-général. Oui, il était responsable ! Il l'était entièrement. Il prêchait la désaffection, depuis bien plus longtemps que ne disait l'accusation. C'était chez lui une passion. Il prenait sur lui tout le blâme des troubles de Madras, des « crimes diaboliques » de Chauri-Chaura et des « outrages insensés » de Bombay...

« L'avocat général a raison quand il dit que, comme homme responsable, ayant reçu une bonne part d'éducation, ayant récolté une bonne part d'expérience de ce monde, j'aurais dû savoir les conséquences de mes actes. *Je savais que je jouais avec le feu. J'en ai couru le risque ; et si j'étais mis en liberté, je recommencerais.* J'y ai mûrement réfléchi, ces nuits dernières. J'ai senti ce matin que je n'aurais pas fait mon devoir, si je ne disais pas ce que je dis à présent. Je tenais et je tiens à éviter la violence. La Non-violence est le premier article de ma foi et le dernier. Mais j'avais à choisir : — ou bien me soumettre à un système politique que je considère comme ayant fait un mal irréparable à mon pays, — ou bien courir le risque que se déchaîne la fureur insensée de mon peuple, quand il apprendrait de mes lèvres la vérité. Je sais que mon peuple quelquefois devient fou. J'en suis profondément fâché ; et c'est pourquoi je suis ici pour me soumettre, non à un châtiment léger, mais au plus lourd. Je ne demande pas miséricorde, je ne plaide aucune circonstance atténuante. Je suis ici pour demander et pour accepter joyeusement la plus haute peine qui puisse être infligée pour ce qui, selon la loi, est un crime délibéré, et qui me paraît, à moi, le premier devoir d'un citoyen. Juges, vous n'avez pas le choix : démissionnez, ou châtiez-moi !... »

Après cette improvisation énergique, où s'équilibrent magnifiquement les scrupules d'une conscience religieuse et l'héroïque fermeté du chef politique, Gandhi lut une déclaration écrite, qui s'adresse au public de l'Inde et de l'Angleterre. Il leur doit, dit-il, de leur faire connaître « pourquoi, de loyaliste et de coopérateur fervent au régime britannique», il est devenu «désaffectionné et non-coopérateur intransigeant ». Il refait le tableau de sa vie publique depuis 1893. Il rappelle tout ce qu'il a eu à souffrir, comme Indien, du système britannique, ses efforts de vingt-cinq ans pour l'améliorer, dans l'illusion obstinée que ce serait possible sans détacher l'Inde de l'Empire. Jusqu'en 1919, malgré tous les déboires, il a défendu la coopération. Mais outrages et forfaits ont passé la mesure. Et le gouvernement, au lieu de les réparer, a, par un suprême défi à la conscience de l'Inde, honoré, pensionné, récompensé les coupables. Le gouvernement a rompu lui-même les liens de ses sujets. Maintenant, Gandhi en est venu à cette conviction que les réformes mêmes proposées par l'Angleterre seraient mortelles pour l'Inde. Le gouvernement repose sur l'exploitation des masses. La loi est faite pour cette exploitation. L'administration de la loi est prostituée au service de l'exploiteur. Un système subtil et efficace de terrorisme a avili le peuple, lui a appris la dissimulation. L'Inde est ruinée, affamée, dégradée ; et certains ont pu dire qu'avant d'être en état de se gouverner elle-même comme un Dominion, il lui faudrait des générations. Aucun des gouvernements qui, dans le passé, ont opprimé l'Inde, ne lui a fait autant de mal que l'Angleterre. La Non-coopération avec le crime est un devoir. Gandhi l'a accompli. Mais au lieu que, jusqu'ici, la violence était le suprême recours, il a donné à son peuple l'arme souveraine, la Non-violence.

Ici s'ouvre la chevaleresque passe d'armes

entre le juge Broomsfield et le Mahâtmâ:

— « Monsieur Gandhi, en reconnaissant les faits, vous avez rendu ma tâche aisée, dans une certaine mesure. Mais la détermination d'une juste sentence est des plus difficiles qu'un juge ait à prendre... Il est impossible de paraître ignorer que vous êtes aux yeux de millions d'hommes un grand chef et un grand patriote. Même ceux qui diffèrent de vous en politique vous regardent comme un homme de haut idéal, d'une vie noble et même sainte... Mais mon devoir est de vous juger seulement comme homme sujet de la loi... Il y a probablement peu de personnes dans l'Inde qui ne regrettent sincèrement que vous ayez rendu impossible à un gouvernement de vous laisser en liberté. Mais c'est ainsi... J'essaie de mettre en balance ce qui vous est dû avec l'intérêt public... »

Courtoisement, il consulte l'accusé sur la peine qui pourrait lui être infligée. Il lui propose l'exemple de la sentence prononcée, douze ans auparavant, contre Tilak : six ans d'emprisonnement... « Ne le considérerez-vous pas comme déraisonnable ?... Si, par suite des événements, il est possible de réduire ce temps, personne n'en sera plus heureux que moi... »

Gandhi n'est pas en reste d'accortise. Il regarde comme le plus fier honneur de voir son nom associé à celui de Tilak. La sentence est la plus légère qu'un juge puisse lui infliger ; et pour tout son procès, il ne pouvait attendre plus d'égards[1].

Le procès était terminé. Les amis de Gandhi tombèrent à ses pieds, en sanglotant. Le Mahâtmâ souriant prit congé d'eux. Et la porte de la prison de Sabarmati se referma sur lui[2].

---

1. Le gérant Banker, qui, pendant le procès, avait suivi religieusement l'exemple du Mahâtmâ et acquiescé à toutes ses paroles, fut condamné à un an de prison avec amende.

2. Mme Kasturibai Gandhi annonça la sentence aux hommes et aux femmes de l'Inde, en un message très digne, qui les invite à se concentrer, dans le calme, sur le programme constructif de Gandhi.

Gandhi ne fut point laissé dans la prison de Sabarmati, où il était bien traité. On le transféra dans un lieu secret, puis à Yeravda, près Poona. Un récit de N. S. Hardiker : *Gandhi en prison* (*Unity*, 18 mai 1922), assure qu'il fut mis au régime cellulaire de droit commun, sans aucun privilège, et que sa santé délicate en souffrit. Mais nous savons qu'à présent, le régime est redevenu plus humain. Il est permis à Gandhi de lire et d'écrire.

D'après ce que m'a dit C.-F. Andrews, le Mahâtmâ est heureux en prison ; il a demandé à ses amis de ne pas venir le voir et de respecter sa solitude ; il se purifie, il prie et il est convaincu que son action est ainsi la plus efficace, pour la cause de l'Inde. — En fait, C.-F. Andrews assure que le parti gandhiste a beaucoup gagné à cet emprisonnement. L'Inde croit en Gandhi, avec plus de ferveur que jamais ; elle persiste à voir en lui une incarnation de Shri-Krishna, qui, d'après la légende, subit victorieusement, l'épreuve de la prison. Et Gandhi emprisonné a, plus sûrement que libre, empêché l'explosion de la violence dont il sentait le danger.

V

Depuis, la grande voix de l'apôtre s'est tue. Son corps est muré comme dans un tombeau. Mais jamais les tombeaux n'ont enfermé la pensée. Et son âme invisible continue d'animer le corps immense de l'Inde. *Paix, Non-violence et Souffrance* est l'unique message venu de la prison[1]. Il a été entendu. Le mot d'ordre s'est transmis d'un bout à l'autre du pays. Trois ans avant, l'Inde eût été ensanglantée par l'arrestation de Gandhi. Quand le bruit en courut, en mars 1919, des populations se soulevèrent. La sentence d'Ahmedabad fut reçue par le silence religieux de l'Inde. Des milliers d'Indiens se firent emprisonner, avec une joie paisible. *Non-violence et souffrance...* Un exemple extraordinaire

1. La revue *Unity* a publié (3 août 1922) une *Lettre de la prison* contre la civilisation moderne, qui me paraît apocryphe. J'y verrais un pastiche de pages anciennes, extraites de l'*Hind Swarâj*.

montra à quelles profondeurs la parole divine avait pénétré dans l'âme de la nation.

Les Sikhs, comme on le sait, furent toujours une des races les plus belliqueuses de l'Inde ; ils avaient servi en masse pendant la grande guerre. Au cours de l'année passée, un grave différend s'éleva entre eux. Le prétexte en était futile (à nos yeux d'Européens). Une renaissance religieuse Sikh avait fait surgir la secte des Akalis, qui voulurent purifier les sanctuaires. Ces sanctuaires étaient devenus l'apanage de gardiens mal famés, qui refusèrent de s'en laisser déloger. Le gouvernement, pour des raisons légales, prit leur défense. Alors, commença, vers août 1922, le martyre quotidien de Guru-Ka-Bagh[1]. Les Akalis avaient épousé la doctrine de la Non-résistance. Mille d'entre eux s'installèrent près du sanctuaire, quatre mille dans le Temple d'Or d'Amritsar. Chaque jour, cent volontaires (la plupart d'âge militaire, beaucoup ayant servi dans la dernière guerre) partaient du Temple d'Or, après avoir fait le vœu de ne pas employer la violence, ni

1. Guru-Ka-Bagh est le jardin d'un sanctuaire (*Gurdwara*), à dix milles d'Amritsar.

en actes, ni en paroles, et d'atteindre le Guru-Ka-Bagh, ou d'être rapportés sans connaissance. De l'autre groupe de mille, vingt-cinq Akalis prononçaient le même vœu. Non loin du sanctuaire, la police britannique les attendait sur un pont, avec de longues perches au bout ferré. Et quotidiennement, se déroulait une scène hallucinante, que nous retrace un récit inoubliable d'Andrews[1], ami de Tagore et professeur à Santiniketan. Les Akalis, en turban noir orné d'une petite guirlande de fleurs blanches, arrivent en face de la bande de police, et s'arrêtent à un mètre, silencieux, immobiles et priant. Les policiers les frappent violemment de leurs longs bâtons. Les Sikhs roulent à terre, se relèvent s'ils peuvent, recommencent, sont de nouveau frappés, quelquefois piétinés jusqu'à perte de connaissance. Andrews n'entend pas un cri, ne remarque pas un regard de défi. Autour, à quelque distance, une centaine de spectateurs, le visage tendu d'angoisse, prient silencieusement, avec une expression d'adoration et de souffrance.

1. *The Akali Struggle*, paru dans le *Swarâjya* de Madras et publié séparément, à la date du 12 septembre 1922.

« Ils me rappelaient, dit Andrews, l'ombre de la Croix ». Les Anglais qui racontent la scène dans leurs journaux[1], s'étonnent, ne comprennent point, constatent à regret que l'absurde sacrifice est une victoire éclatante pour l'armée de la Non-coopération, et que le peuple de Punjab en est fasciné. Mais le généreux Andrews, dont le pur idéalisme a appris à déchiffrer l'âme de l'Inde, a vu là, comme Gœthe à Valmy, le début d'une ère nouvelle : « *un nouvel héroïsme, appris par la souffrance, s'est levé sur cette terre; une nouvelle guerre de l'esprit...* »

Le peuple semble avoir mieux gardé la pensée du Mahâtmâ que ceux qui avaient reçu la charge de le guider. On a vu l'opposition qui s'était manifestée, au Comité du Congrès de Delhi, vingt jours avant l'arrestation du Maître. Elle se renouvela, quand le Comité du Congrès se réunit de nouveau, à Lucknow, le 7 juin 1922. Un vif mécontentement régnait, à l'égard du programme de patiente construction et d'attente, imposé par Gandhi ; le désir s'affirme d'en venir

1. Cf. *Manchester Guardian Weekly*, 13 octobre 1922.

à la Désobéissance civile. Une Commission d'enquête fut nommée, pour examiner si la préparation du pays à la Désobéissance était suffisante. Elle fit le tour de l'Inde ; et son rapport, déposé à l'automne, fut décourageant : non seulement il concluait à l'impossibilité actuelle de la Désobéissance, mais la moitié des membres (des hommes d'une foi éprouvée) voulaient qu'on renonçât même aux méthodes gandhistes de Non-coopération, au boycott des fonctions politiques, et qu'un parti *Swarâj* (Home Rule) se formât, au sein des Conseils du gouvernement, bref que la Non-coopération devînt en fait une opposition parlementaire [1]. Ainsi, la doctrine de Gandhi était battue en brèche, d'un côté par les violents, de l'autre par les modérés.

Mais l'Inde protesta. Le Congrès National Indien, dans sa réunion annuelle de fin

---

1. Lajpat Rai m'a fait observer qu'aucun des membres du Congrès de Luknow ne croyait en la violence. Tous gardaient leur foi dans le programme constructif de Gandhi ; mais ils voulaient se saisir des Conseils et de l'Assemblée, qui faisaient beaucoup de mal au pays. Ayant été vaincus à Gaya, ils formèrent un parti séparé *Swarâj*, au sein du Congrès, le 2 janvier 1923. Ils restaient en accord avec Gandhi sur le programme constructif, et ne pouvaient s'entendre avec lui sur la seule question de l'entrée dans les Conseils.

décembre 1922, à Gaya, réaffirma énergiquement sa fidélité au maître persécuté et sa foi en la doctrine de la Non-coopération. Par 1740 voix contre 890, il rejeta la proposition de participer aux Conseils législatifs [1]. Et finalement, l'unanimité se retrouva pour continuer la grève politique, avec de simples différences de détail dans les méthodes. On écarta seulement un projet de boycott de toutes les marchandises anglaises. Plus hardie comme toujours, la Conférence musulmane du Khilafat avait voté ce boycott, à une forte majorité.

C'est à ce point de l'histoire que nous devons interrompre notre récit du grand mouvement gandhiste. Malgré quelques fléchissements inévitables en l'absence du maître et de ses meilleurs disciples, de ses lieutenants (notamment, des frères Ali), comme lui emprisonnés, il a résisté victorieusement à l'épreuve redoutable de la première année sans guide. Et la déception avouée par la presse anglaise, après le Congrès de Gaya,

1. Quant aux éléments révolutionnaires violents, ils étaient peu nombreux à Gaya, et ils n'y jouèrent qu'un rôle de second plan.

montre bien l'importance de la partie gagnée[1].

Qu'en adviendra-t-il, par la suite? L'Angleterre, instruite par les fautes passées, ne se montrera-t-elle pas plus habile à capter cet élan d'un peuple? La constance de ce peuple ne se lassera-t-elle point? Les peuples ont peu de mémoire; et je douterais fort que celle des hommes de l'Inde conservât bien longtemps les leçons du Mahâtmâ, si elles n'étaient dès longtemps inscrites au plus

---

1. Un article de Blanche Watson (*Unity*, 16 novembre 1922) énumère « *les avantages que l'Inde a retirés de sa lutte de résistance non-violente* ». Elle assure que les revenus intérieurs de l'Inde ont diminué d'environ 75 millions de dollars, et que le boycott du tissu anglais a fait perdre à l'Angleterre, en une année, 20 millions de dollars. Elle évalue à 30.000 le nombre des Indiens qui étaient, à cette date, emprisonnés, et représente le mécanisme administratif du gouvernement, comme entièrement détraqué. Mais Blanche Watson, fervente admiratrice du Gandhisme, a, sans doute, une tendance inconsciente à en exagérer le succès. D'autres témoignages se montrent moins satisfaits. Ils disent que le mouvement de sacrifice se heurte à l'égoïsme des classes commerçantes et aisées, et que beaucoup de démissions, données dans le premier élan, ont été, depuis, retirées. Il ne serait pas humain de supposer le contraire. Dans toute révolution, beaucoup restent en arrière, ou reviennent sur leurs pas. La question est de savoir si le courant se maintient dans les couches profondes. Voici un témoignage, de l'importance et de l'impartialité duquel il est impossible de douter :

Le *Manchester Guardian*, dont on connaît l'intelligent libéralisme, mais qui représente de puissants intérêts directement mis en péril par la Non-coopération gandhiste, vient de procéder à une enquête attentive à travers l'Inde. Cette enquête a été publiée en une série d'articles. Malgré le manque de sympathie (bien naturel) qui s'y marque, à l'égard du mouvement indien,

profond de la race. Car si un génie est grand, par sa seule grandeur, qu'elle soit ou non d'accord avec ceux qui l'entourent, il n'est de génie d'action que celui qui répond aux instincts de sa race, aux besoins de son temps, à l'attente du monde.

Tel est Mahâtmâ Gandhi. Son principe de l'*Ahimsâ* (la Non-violence) était gravé au cœur de l'Inde depuis deux mille années : Mahâvira, Buddha et le culte de Vishnu

---

et malgré un parti-pris de le déprécier, on sent, d'article en article, à l'inquiétude croissante, la gravité de la situation pour l'Angleterre. Je résume l'article de conclusion, paru le 16 février 1923 (*Manchester Guardian Weekly*). L'enquêteur veut se persuader que la tactique gandhiste a subi un fort échec et que la Non-coopération doit se réorganiser sur de nouveaux plans. « Mais, ajoute-t-il, l'esprit de Non-coopération reste. C'est partout, sinon le pur Gandhisme, la méfiance du gouvernement étranger et l'ardent désir d'en être débarrassé. Les classes cultivées et les citadins sont imprégnés de cet esprit. Le *ryot* (paysan) en est touché encore assez superficiellement; mais les conditions sont telles dans les villages, qu'il finira par être gagné. L'armée paraît encore indemne : mais elle est recrutée dans les villages; et tôt ou tard, elle suivra le mouvement. C'est souvent chez les meilleurs, même chez les modérés, que cet esprit de Non-coopération est le plus fort. Les modérés ont seulement l'aversion des méthodes révolutionnaires; mais cette aversion n'est pas partagée par le pays. Le pays sympathise avec la témérité des Non-coopérateurs, plus qu'avec la prudence des modérés. » L'observateur anglais évalue à une dizaine d'années le temps nécessaire à une organisation des paysans indiens, pour en arriver au refus de paiement des taxes et à la révolte. Mais d'ici là, la situation ne cessera d'empirer; impossible de tenir encore les Indiens par la crainte de la prison : cette crainte n'existe plus chez eux; il faudra en venir à des mesures coerci-

en avaient fait la substance de ces millions d'âmes. Gandhi y a seulement transfusé son sang héroïque. Il évoque les ombres gigantesques, les forces du passé, engourdies et prostrées dans une léthargie mortelle. Et à sa voix, elles se sont levées. Car elles se reconnaissent en lui. Il est plus qu'une parole, il est un exemple. Il les a incarnées. Heureux l'homme qui est un peuple, — son peuple mis au tombeau, qui ressuscite en lui!

---

tives plus dures, et elles ne feront qu'augmenter les haines. « Une seule solution pacifique est possible, *s'il y en a encore une* » : il faut que l'Angleterre prenne l'initiative du mouvement de réformes indiennes. Non plus des demi-réformes, comme celles qu'on a instituées en 1919 et tenté d'appliquer depuis un an à peine. Elles ne suffisent plus, et le temps presse. Que l'Angleterre réunisse une Convention nationale indienne, où tous les intérêts et toutes les nuances de pensée de l'Inde soient représentés : aussi bien Gandhi et ses disciples que les princes indiens et les capitalistes européens, les Musulmans, les Hindous, les Parsis, les Eurasiens, les Chrétiens, les Intouchables... Que cette Convention prépare une Constitution pour l'Inde autonome à l'intérieur de l'Empire, et qu'elle fixe les étapes d'exécution de ce Home Rule! Ainsi, et ainsi seulement pourra être conjuré le déchirement de l'Empire.

Je ne sais dans quelle mesure le gouvernement de l'Inde et la bureaucratie anglaise accueilleraient un pareil projet, que le *Manchester Guardian*, après son correspondant, appuie avec énergie. J'ai quelque peine à croire que Gandhi et les Non-coopérateurs acceptent de s'associer en une même Assemblée, avec les capitalistes européens et indiens! Mais ce qui paraît sûr, c'est que le *Home Rule* indien n'est maintenant plus en question. D'une façon ou de l'autre, il est inévitable. Et rien n'est plus frappant que le changement de ton de l'Angleterre à l'égard des Indiens, depuis le commencement de l'action de

Mais ces résurrections ne se produisent jamais au hasard. Et si l'esprit de l'Inde vient de surgir de ses temples et de ses forêts, c'est qu'il apporte au monde la réponse prédestinée que le monde attendait.

Gandhi. Le mépris européen pour les Indiens n'est plus. On s'efforce de parler d'eux avec égards, et l'on s'accorde à flétrir les violences maladroites, qui étaient naguère le suprême secours du pouvoir et parfois même le premier. L'Inde a, moralement, vaincu.

La réponse, en effet, dépasse infiniment l'Inde. L'Inde seule pouvait la donner. Mais elle consacre autant sa grandeur que son sacrifice. Elle risque d'être sa croix.

Il semble qu'il faille toujours, pour que le monde se renouvelle, qu'un peuple se sacrifie. Les Juifs ont été sacrifiés à leur Messie, qu'après avoir porté, nourri de leurs espoirs, pendant des siècles, ils n'ont pas reconnu, quand sur la croix sanglante enfin il a fleuri. Plus heureux, les Indiens ont reconnu le leur. Et c'est joyeusement qu'ils vont au-devant du sacrifice qui doit les délivrer.

Mais, comme les premiers chrétiens, tous ne comprennent pas le véritable sens de cette libération. Longtemps ceux-là attendirent sur leur terre l'*adveniat regnum tuum*. Les espoirs d'une grande part des Indiens ne voient pas au delà du règne du *Swarâj* dans l'Inde. Et je pense que, d'ailleurs, cet idéal politique sera promptement atteint. L'Europe, saignée par les guerres et les révolutions, appauvrie et lassée, dépouillée de son prestige, aux yeux de l'Asie qu'elle opprimait, ne sera plus longtemps de taille à tenir tête, sur le sol de l'Asie, aux peuples réveillés de l'Islam, de l'Inde, de la Chine et du Japon.

Mais ce serait peu de chose que quelques nations de plus, — si riches que puissent être les neuves harmonies, dont elles enrichiront la symphonie humaine, — ce serait peu de chose, si ces forces de l'Asie n'étaient le véhicule d'une nouvelle raison de vivre, de mourir, et (ce qui compte le plus !) d'agir pour toute l'humanité, si elles n'apportaient à l'Europe épuisée un nouveau viatique.

Le monde est balayé par le vent de la violence. Cet orage qui brûle les moissons de notre civilisation n'avait rien d'imprévu. Des siècles de brutal orgueil national, exalté par l'idéologie idolâtrique de la Révolution, propagé par le mimétisme aveugle des démocraties, — et, pour couronnement, un siècle d'industrialisme inhumain et de gloutonne ploutocratie, un machinisme asservisseur, un matérialisme économique où l'âme meurt étouffée, — devaient fatalement mener à ces confuses mêlées, où disparaissent les trésors de l'Occident. Ce ne serait pas assez de dire qu'il y avait là une nécessité. Il y a là une Dikè. Chaque peuple égorge l'autre, au nom des mêmes principes, qui masquent les mêmes intérêts et les mêmes instincts de Caïns. Chacun, — nationalistes, fascistes, bolcheviks, peuples et classes opprimés, peuples et classes oppresseurs, — chacun revendique pour soi, en le refusant aux autres, le droit à la violence, qui lui paraît le Droit. Il y a un demi-siècle, la Force primait le Droit. Aujourd'hui, c'est bien pire : la Force *est* le Droit. Elle l'a dévoré.

Dans ce vieux monde qui s'écroule, nul asile, nul espoir. Aucune grande lumière. L'Église donne des conseils anodins, vertueux et dosés, qui veillent prudemment à ne la point brouiller avec les puissants ; au reste, elle conseille, et ne donne point l'exemple. De fades pacifistes bêlent languissamment, et l'on sent qu'ils hésitent ; ils parlent d'une foi, qu'ils ne sont pas sûrs d'avoir. Qui leur prouvera cette foi ? Et comment, au milieu de ce monde qui la nie ? — Comme une foi se prouve. En agissant !

Voilà le *Message au monde*, comme l'appelle Gandhi, le message de l'Inde : « *Sacrifions-nous !* »

Et Tagore l'a redit, en paroles magiques[1] ; car sur ce fier principe, Tagore et Gandhi ne sont qu'un :

« ... J'espère que croîtra, vigoureux, cet esprit de sacrifice, ce consentement à souffrir... C'est la vraie liberté... Nulle valeur n'est plus haute, — pas même l'indépendance nationale... L'Occident a sa foi inébranlable en la force et en la richesse matérielles : par conséquent, il aura beau crier pour la paix et le désarmement, sa férocité grondera toujours plus fort. Tel un poisson que blesserait la pression de l'eau, et qui voudrait voler : brillante idée ! mais totalement impossible à réaliser pour un poisson. Nous, dans l'Inde, nous avons à montrer au monde ce qu'est cette vérité qui, non seulement rend possible le désarmement, mais le transmue en force. Le fait que la force morale est une puissance supérieure à la force brutale sera prouvé par le peuple qui est *sans armes*. L'évolution de la Vie montre qu'elle a peu à peu rejeté son formidable fardeau d'armure et une mons-

1. Lettre du 2 mars 1921, publiée dans la *Modern Review* mai 1921.

trueuse quantité de chair, jusqu'au jour où l'homme est devenu le conquérant du monde brutal. Le jour viendra où le frêle homme de cœur, complètement dégagé de l'armure, prouvera que ce sont les doux qui héritent de la terre. Il est donc logique que Mahâtmâ Gandhi, de corps débile et dénué de toutes ressources matérielles, évoque l'immense pouvoir des doux et humbles, qui attend caché dans le cœur de l'humanité de l'Inde outragée et destituée. Les destinées de l'Inde ont choisi pour allié *Nârâyana*, et non *Nârâyani-senâ*, la puissance de l'âme, et non celle du muscle. Elle doit élever l'histoire humaine, du niveau fangeux de la mêlée matérielle aux cimes des batailles de l'esprit... Quoique nous puissions nous abuser, avec les phrases apprises de l'Occident, le *Swarâj* (Home Rule) n'est pas notre but. Notre combat est un combat spirituel. C'est un combat pour l'Homme. Nous devons émanciper l'Homme des réseaux qu'il a tissés autour de lui, de ces organisations d'Égoïsme national. Il nous faut persuader au papillon que la liberté du ciel vaut plus que l'abri du cocon... Nous n'avons pas de terme pour Nation, dans notre langue. Quand nous empruntons ce mot aux autres peuples, il ne nous va point, car nous devons nous liguer avec *Nârâyana*, l'Etre suprême ; et notre victoire ne nous donnera rien d'autre que la victoire pour le monde de Dieu... Si nous pouvons défier les forts, les riches, les armés, en révélant au monde la puissance de l'esprit immortel, tout le château du géant Chair s'effondrera dans le vide. Et alors, l'Homme trouvera le vrai *Swarâj*. Nous, les gueux déguenillés de l'Orient, nous conquerrons la liberté pour toute l'Humanité... »

O Tagore, Gandhi, fleuves de l'Inde qui, pareils à l'Indus et au Gange, embrassez dans votre double étreinte l'Orient et l'Occident, — celui-ci, tragédie de l'action héroïque ; celui-là, vaste songe de lumière, — tous deux ruisselants de Dieu, sur le monde labouré par le soc de la violence, répandez ses semences !

« *Notre lutte,* déclare Gandhi, *a pour fin l'amitié avec le monde entier... La Non-violence est venue parmi les hommes; et elle restera. Elle est l'Annonciatrice de la paix du monde...* »

La paix du monde est loin. Nous n'avons pas d'illusions. Nous avons vu abondamment, au cours d'un demi-siècle, les mensonges, les lâchetés et les cruautés de l'espèce humaine. Ce qui n'empêche point de l'aimer. Car, même chez les plus vils, il y a un *nescio quid Dei*... Nous n'ignorons rien des fatalités matérielles qui pèsent sur l'Europe du xxe siècle, l'écrasant déterminisme des conditions économiques qui l'enserrent, les siècles de passions et d'erreurs pétrifiées qui constituent autour des âmes de notre temps une croûte dure, que ne peut trouer la lumière. Mais nous connaissons aussi les miracles de l'esprit. Historien, nous avons vu leurs éclairs transpercer des cieux plus sombres que le nôtre. Vivant d'une heure, nous entendons dans l'Inde le tambour de Çiva, *« le Maître-Danseur, qui voile son regard dévorant et maîtrise ses pas pour sauver l'univers du retour à l'abîme... »* [1]

Les *Realpolitiker* de la violence (révolutionnaire ou réactionnaire) se raillent de cette foi ; et ils montrent ainsi leur ignorance des réalités profondes. Qu'ils se raillent ! J'ai cette foi. Je la vois bafouée ou persécutée en Europe ; et, dans mon propre pays, nous sommes une poignée... (Sommes-nous même une poignée ?...) Mais quand je serais seul à croire, que m'importe ? Le propre de la foi est — loin de nier l'hostilité du monde — de la voir et de croire, — contre elle : c'est encore mieux ! Car la foi est un combat. Et notre Non-violence est le plus rude combat. Le chemin de la paix n'est pas celui de la faiblesse. Nous sommes moins ennemis de la violence que de la faiblesse. Rien ne vaut sans la force : ni le mal ni le bien. Et mieux vaut le mal entier que le bien émasculé. Le pacifisme geignant est mortel à la paix :

1. Extrait de la plus antique invocation à Çiva, dans la pièce *Mudrâ-Râkshasa* par Vishâkhadatta.

il est une lâcheté et un manque de foi. Que ceux qui ne croient pas, ou qui craignent, se retirent ! Le chemin de la paix est le sacrifice de soi.

C'est la leçon de Gandhi[1]. Il ne lui manque que la Croix. Chacun sait que, sans les Juifs, Rome l'eût refusée au Christ. Et le British Empire vaut l'Empire Romain. Mais l'élan est donné. L'âme des peuples d'Orient en a été remuée jusqu'en ses profondeurs ; et ses vibrations s'étendent à toute la terre.

Les grandes apparitions religieuses en Orient ont un rythme. De deux choses l'une, ou celle de Gandhi vaincra, ou elle se répétera, — comme se sont répétés, des siècles à l'avance, le Messie et Buddha, — jusqu'à l'incarnation complète en un demi-dieu mortel, du principe de Vie qui mènera vers la nouvelle étape l'humanité nouvelle.

Février 1923.

FIN

---

1. Et c'est aussi l'exemple des *Conscienciou*s *Objectors* qui d'Angleterre, essaiment dans tous les pays d'Europe.

GANDHI DEPUIS SA LIBÉRATION

POSTFACE A LA XXXIe ÉDITION

La première édition de ce livre paraissait il y a trois mois.

Depuis, trois faits nouveaux ont, sans le modifier, accentué les grandes lignes du tableau :

Le parti *Swarajiste* indien, constitué par le chef politique le plus important de l'Inde et ami de Gandhi, C.-R. Das, — parti qui concilie les méthodes de Non-Violence avec la participation aux Conseils législatifs, — a remporté une victoire imposante, aux élections de la fin décembre 1923.

Les frères Ali, chefs reconnus des Mahométans de l'Inde et amis de Gandhi, ayant accompli leur peine de deux années de prison, ont repris leur place à la tête du mouvement national indien ; et l'un d'eux, Maulana Mohamed Ali, est devenu le président du Congrès de toute l'Inde.

Enfin, Gandhi lui-même a été remis en liberté.

***

L'Europe a appris la libération du Mahâtmâ. Mais elle ne sait pas à quelles heures critiques cette libération a été donnée. On lui a caché que peu s'en est fallu que le gouvernement anglais ne vît mourir dans ses mains son prisonnier.

Il était enfermé à Yeravada, près de Poona (province de Bombay). Depuis longtemps, il s'affaiblissait ; sa maigreur était extrême. En décembre, il fut pris de douleurs abdominales, auxquelles on prêta peu d'attention ; la fièvre s'installa. La famille, qui ne pouvait le visiter, était tenue dans l'ignorance.

Au début de janvier, la quiétude officielle fut brusquement secouée. L'état devint si inquiétant qu'on appela d'urgence en consultation le colonel Maddock, « *Civil surgeon* », qui reconnut une appendicite grave en pleine crise. Sans l'esprit de décision du chirurgien, Gandhi était perdu. Maddock n'attendit pas d'avoir les autorisations nécessaires ; il prit sur lui d'emmener Gandhi sur-le-champ dans son auto à l'hôpital Sassoon de Poona ; il le mit sur une civière, qu'il porta lui-même avec l'aide de quelques étudiants ; et, le soir (samedi 12 janvier), il l'opéra. Au dehors, nul ne savait rien ; la famille ne fut prévenue qu'après. Mais, à l'intérieur de l'hôpital, et dans les milieux officiels, l'anxiété était extrême. La responsabilité qui pesait sur les autorités anglaises était formidable. Si le Mahâtmâ mourait, l'Inde entière se soulevait.

Seul, le Mahâtmâ gardait son calme et sa douceur. Afin d'atténuer leur périlleuse charge, au cas d'un résultat fatal, les autorités firent appeler comme témoin, une heure avant l'opération, un chef du parti libéral indien, Sastri, qui avait été un des adversaires politiques de Gandhi, mais que celui-ci estimait. Et Sastri a publié le récit de cette heure angoissante[1].

1. *Swarajya*, Madras, mardi 15 janvier.

On pria Gandhi de signer un papier, où il donnait son consentement à l'opération. Gandhi mit ses lunettes, lut attentivement et, demandant la permission de changer le texte, il dicta une lettre adressée au colonel Maddock : il y remerciait courtoisement les médecins et les autorités des bons soins donnés, affirmait sa confiance en son chirurgien, et réclamait l'opération immédiate. Puis, il releva ses genoux, y posa le papier, et signa au crayon d'une main qui tremblait beaucoup. On le laissa seul, quelques instants, avec Sastri, pour préparer la salle d'opérations. Le Mahâtmâ se mit à causer tranquillement. Et voici ses paroles textuelles :

« ... *Mon conflit avec le gouvernement continue et continuera aussi longtemps que persisteront les motifs qui l'ont provoqué. Il ne peut y avoir aucune condition. Si le gouvernement pense que mes motifs étaient bons et que je suis innocent, s'il pense qu'il m'a gardé assez longtemps prisonnier, il peut me laisser partir : cela serait honorable pour lui... On peut me libérer, mais ce ne doit pas être pour de faux prétextes...* »

(C'est-à-dire, comme il le redira explicitement, qu'il n'accepte pas sa libération pour cause de maladie.)

Il ajoute que, « *tandis qu'il a un profond discord avec le gouvernement, il aime individuellement les Anglais* », et que si le peuple de l'Inde fait de l'agitation après sa libération, — « *ce qu'il ne désire pas* » — il prie que ce soit selon l'esprit de non-violence.

Sastri lui demanda alors s'il ne voudrait pas adresser un Message à son peuple. Gandhi devait le désirer d'autant plus que, depuis son incarcération, sa voix était étouffée. Après sa condamnation, il avait envoyé au président du Congrès national indien une lettre pour ses compatriotes ; mais la lettre fut interceptée par le gouvernement, qui voulut l'amender : ce que Gandhi refusa. Tout autre, à sa place, eût donc, à l'heure d'une opération qui pouvait être mortelle, saisi cette occasion de faire savoir à son peuple ses suprêmes volontés. Mais, avec cet admirable sens de l'honneur chevaleresque, qui est un des traits les plus frappants du Mahâtmâ, et qui semble aujourd'hui presque anachronique, Gandhi refusa. Il se considérait comme lié au silence.

Il répondit à Sastri qu'il était prisonnier du

gouvernement, et qu'il devait observer le code d'honneur du prisonnier. Il était censé mort civilement. Il n'avait pas de Message à donner...

A ce moment — il était dix heures du soir — la porte s'ouvrit. On vint le prendre pour le porter sur la table d'opération.

L'opération dura vingt minutes ; et un accident faillit la rendre fatale. Le patient venait d'être chloroformé, quand la lumière électrique s'éteignit. On courut chercher des lampes à huile, puis des lampes à incandescence. L'incision révéla un abcès caché, purulent et très profond. On dut laisser dans la plaie un tube de six pouces, pour vider le foyer d'infection. Gandhi supporta bien l'opération ; mais la nuit resta inquiétante.

Le lendemain, arrivèrent les fils de Gandhi, enfin prévenus, puis madame Gandhi. Et le pays entier fut, pendant quelques jours, en proie à un délire d'anxiété. Le président du Congrès de toute l'Inde, Mohamed Ali, fit décréter des prières nationales dans tout le pays pour le 18 janvier. De tous côtés, la libération de Gandhi fut demandée, même par des journaux du gouvernement. Il fallait sortir au plus tôt de la situation dangereuse où la vie menacée de Gandhi mettait ceux qui le tenaient prisonnier. Le 17 janvier, le gouverneur de Bombay fut mandé brusquement à Delhi, chez le vice-roi, lord Reading. La session de la nouvelle Assemblée législative indienne devait s'ouvrir à la fin du mois. On devait lui enlever ce sujet d'agitation. L'ordre de libération fut donné, le 4 février.

Et aussitôt, le Mahâtmâ, déchargé de ses scrupules, redevenu libre de sa voix comme de sa pensée, envoya un Message au président du Congrès de toute l'Inde (7 février)[1].

Il commence par regretter l'acte du gouvernement, qu'il ne saurait accepter comme une grâce.

« *Je suis fâché que le gouvernement m'ait libéré prématurément, pour cause de maladie ; ce genre de libération ne peut me faire aucune joie, car je considère que la maladie d'un prisonnier n'offre pas de raison pour le mettre en liberté.* »

1. *Hindu*, Madras, 8 février.

Avec sa belle courtoisie, il remercie tous ceux — (sans oublier personne) — qui, à l'hôpital ou en prison, l'ont traité avec égards. Il se dit impropre, pour quelque temps encore, au travail actif. Il a besoin de semaines de repos. Il lui faut d'ailleurs un certain temps pour se remettre au courant de la situation nouvelle de l'Inde : car il est resté au secret depuis deux ans. Il n'en donne pas moins de fermes conseils, qui montrent que rien n'a changé de ses décisions premières et de son programme d'action.

Avant tout, il faut refaire l'union de toutes les forces de l'Inde. En son absence, elle a été ébranlée.

« *Si peu que je connaisse la situation présente du pays, j'en sais assez pour voir que les problèmes nationaux sont bien plus embarrassants aujourd'hui qu'au temps de Bardoli. Sans l'unité des diverses races et religions, toute idée de* Swaraj (*home rule*) *est vide de sens. Cette unité, que je croyais presque atteinte en 1922, a gravement souffert, entre Hindous et Musulmans. Si nous voulons conquérir notre liberté, il faut resserrer un lien indissoluble entre les diverses communautés.*

Je ne vous demande pas d'actions de grâces pour ma guérison. Votre union me rendra la santé plus vite que tous les soins médicaux. Mon cœur a été accablé par ce que j'ai appris de vos dissentiments. Tant que ce fardeau pèsera sur moi, je ne puis prendre de repos. Je fais appel à tous ceux qui ont de l'amour pour moi. Unissez-vous ! Je sais que la tâche est difficile ; mais rien n'est difficile, si nous avons une foi vivante en Dieu. Hindous, mahométans, mettez fin à votre mutuelle méfiance ! C'est la faiblesse qui engendre la crainte, et la crainte la méfiance. Rejetons, l'un et l'autre, nos craintes ! Même, si l'un, seul, de nous cesse de craindre, nous cesserons de nous quereller. Je sais qu'au fond nous nous aimons comme des frères. Je vous demande de partager mon anxieuse volonté d'union... »

Quant à sa tactique de combat, elle reste la même. Deux ans de méditation solitaire n'ont fait que le convaincre davantage de son efficacité. En premier lieu, le rouet, comme seul remède contre le paupérisme. L'union des races. La disparition de « l'intouchabilité ». L'application méthodique de la Non-Violence en pensées, en paroles et en actions...

« Si nous exécutons fidèlement ce programme, nous n'aurons pas besoin de recourir à la Désobéissance civile. Mais je dois ajouter que mes méditations n'ont pas affaibli ma croyance en l'efficacité et la justice de la Désobéissance civile. Je soutiens qu'elle est une arme pour le droit, et le devoir d'une nation, quand son être vital est mis en péril. Je suis convaincu qu'elle comporte moins de dangers que la guerre. Et tandis que la Désobéissance civile, quand elle réussit, fait du bien aux deux partis, la guerre fait du mal à la fois au vainqueur et au vaincu. »

Sur la tactique du nouveau parti *Swaraj*, fondé par son ami C.-R. Das, il évite de se prononcer encore. Il se trouvait en face d'une situation politique nouvelle, qu'il voulait étudier, avant de la juger. Aux élections législatives de fin décembre, les *Swarajstes* (nationalistes indiens de gauche, partisans de la Non-Violence, mais dans le cadre des moyens parlementaires mis à leur disposition par la Constitution réformée) avaient conquis environ la moitié des 103 sièges électifs de l'Assemblée de toute l'Inde ; et dans les Conseils provinciaux, leur parti était devenu presque partout le plus fort[1]. Ils en avaient usé pour émettre aussitôt (dès la fin de décembre) une série de revendications et de résolutions : demande de suppression des lois oppressives, établissement immédiat d'un gouvernement autonome, convocation d'une conférence pour déterminer les principes d'une Constitution indienne, qui serait définitivement élaborée par la nouvelle Assemblée ; et même, fédération des peuples asiatiques pour l'émancipation de l'Asie. Gandhi ne pouvait méconnaître ces leçons des faits nouveaux. Surtout, l'estime et l'affection qu'il avait pour les chefs de ce mouvement, comme C.-R. Das, dont il connaissait la sincérité et la foi éprouvée, lui imposaient de ne point condamner, sans un sérieux examen, cette déviation à ses principes de Non-coopération.

« *Vous n'attendrez pas de moi*, dit-il, *une*

1. C. F. Andrews, dans un article du *Manchester Weekly* (1er février), ajoute que ce succès était d'autant plus remarquable que le parti *Swaraj* n'avait reçu du Congrès national la permission de prendre part aux élections que peu de jours avant le scrutin. Un très grand nombre de Non-Coopérateurs, qui voulaient suivre strictement les principes de Gandhi, étaient restés à l'écart des élections. Si toute l'armée des Non-Coopérateurs s'était entendue pour l'action électorale, leur victoire eût été écrasante.

opinion sur la question délicate de l'élection des membres du Congrès aux Conseils législatifs et à l'Assemblée. Bien que je n'aie aucunement changé d'opinion sur le boycott des conseils, des tribunaux et des Ecoles du gouvernement, je n'ai point de faits qui me permettent d'arriver à un jugement sur ces modifications de tactique. Je ne veux exprimer aucune opinion, avant d'avoir pu discuter avec nos illustres compatriotes qui, dans l'intérêt du pays, se sont crus tenus de recommander la cessation du boycott des corps législatifs. »

Il termine en affirmant, une fois de plus, qu'il ne combat pas les Anglais, mais leur gouvernement et leur système politique d'oppression.

Deux autres Messages, publiés au cours du mois de février, attestent que la maladie[1] ne peut avoir raison de son énergie, ni les efforts des médecins pour le tenir au repos ne sauraient l'empêcher d'accomplir son devoir de chef :

1. Il s'en faut que, même à l'heure présente, Gandhi soit hors de danger. (Fin mars 1924.)

Le 16 février [1], il publie une Déclaration, au sujet des événements récents du Sud-Afrique, où le Parlement de l'Union examine un *Class Areas Bill* (Bill des enceintes de classes), parquant les Indiens dans d'étroites limites. Gandhi proteste contre cette violation des conventions signées en 1914, et refait toute l'histoire du mouvement Sud-Africain.

Le 25 février [2], il adresse un message aux Sikhs Akalis, qui viennent d'entrer en collision avec la police britannique et de subir une sanglante fusillade, sur l'ordre d'un administrateur anglais. — Gandhi les rappelle strictement à la non-violence.

Dirons-nous les transports de l'Inde, depuis la libération, — l'appel de Mohamed Ali, décrétant pour le 10 février un jour d'actions de grâces nationales, — l'union de toutes les confessions dans cet acte de remerciement religieux, — les meetings de 30.000 personnes à Bombay, — les grandes processions mahométanes, — les fêtes de toute l'Inde ? Des torrents d'amour se déversent sur Gandhi ; et les mé-

1. *Bengalee*, Calcutta, 16 février.
2. *Indian Daily News*, Calcutta, 25 février.

decins ont beaucoup de peine à en préserver leur convalescent. Cet amour gagne jusqu'aux gardes qui le soignent, et aux Anglais mêmes : tel ce vieux retraité militaire de 82 ans, dont parle un journal anglais, et qui vient tous les deux jours à l'hôpital avec un bouquet de fleurs, entre sans qu'on puisse l'arrêter, serre chaleureusement la main au Mahâtmâ, et s'en va, lui disant : « Allons, courage, mon vieux! »

Lui, toujours paisible, maître de lui, s'obligeant à parler longuement aux visiteurs. Il est émacié, ratatiné : « *Il semble à peine la moitié de lui-même... On a les larmes aux yeux en le voyant.* » Mais qui l'entend parler, de sa voix douce et calme, avec son affectueuse courtoisie, est touché jusqu'au cœur de sa sérénité. Et qui, l'ayant déjà connu avant son emprisonnement, le revoit (comme ce jeune Parsi qui me racontait, ces jours derniers, sa visite à l'hôpital), est frappé du changement. Avant la prison, on le sentait, malgré sa force d'âme, attristé de soucis. Maintenant, il est toute lumière... « *Une âme qui peut se dire vraiment en paix avec le monde*[1]. »

1. Dilip Kumar Roy. — Combien j'aimerais à citer, tel l'entretien que notre ami, le musicien hindou, D. K. Roy,

***

Nous devons, une fois de plus, clore ce chapitre en pleine action, — nous réservant d'en suivre le récit, dans de nouvelles éditions du livre. Nous en restons, à l'heure où les *Swarajstes* indiens viennent de rejeter, à l'Assemblée, le budget proposé, — à titre de simple manifestation de principe, et afin d'avertir le gouvernement qu'il doit dorénavant compter avec eux. Ils attendent les propositions de l'Angleterre.

Ces propositions viendront-elles ? Et surtout, viendront-elles à temps ? Il ne semble pas que le ministère travailliste soit plus disposé que les précédents à accorder le Home Rule à l'Inde ; et le message de Ramsay Macdonald a déçu, non pas tant l'auteur de ce livre, qui n'a plus beaucoup d'illusions sur la politique européenne, — que de nombreux

eut le 2 février, à l'hôpital de Poona, avec Gandhi, sur la musique ! On y sent le grand cœur du Mahâtmâ, religieusement épris de la beauté de l'art, au point de « *ne pas concevoir une évolution de la vie religieuse de l'Inde sans la musique* », mais comme les sages helléniques, et comme Gœthe, voyant le plus grand art dans la vie la plus belle. (*The Bombay Chronicle*, 5 février.)

amis de l'Inde et de l'Angleterre. Nous reconnaissons que la question est tragique pour toutes les deux. L'Angleterre a ruiné l'Inde, à son profit. Mais si elle rendait à l'Inde l'indépendance politique et économique, ce serait aux ouvriers des manufactures de Manchester d'être ruinés à leur tour. Un Gandhi est des très rares hommes capables de s'élever au-dessus des intérêts d'un seul des partis en lutte et de vouloir chercher le bien de tous les deux. Mais il faut qu'en Angleterre il trouve des adversaires de sa hauteur et de sa compréhension. En sera-t-il ainsi ? Que le veuille le bon génie du peuple britannique !

En tout cas, l'Angleterre n'est plus portée à mésestimer la force de son adversaire et l'efficacité de l'arme qu'il emploie : la Non-Violence. Pour les politiques européens qui seraient tentés encore de méconnaître la valeur combative de celle-ci, je citerai, pour finir, ces extraits d'une étude du très intelligent et très positif journal libéral anglais, non suspect de sympathies gandhistes, le *Manchester Guardian Weekly* (15 février).

« ***Réfléchissons à la force extraordinaire de***

l'arme politique qui, dans les dernières années, est venue en usage, sous la forme de l'inertie absolue. La première démonstration dangereuse qui en ait été faite sur une grande échelle, le fut par les Suffragettes, dans leurs grèves de la faim. Le Sinn Fein était, primitivement, une organisation pour la résistance absolument passive; elle traitait comme inexistant tout ce qui était anglais en Irlande : les tribunaux, les postes, le percepteur et l'agent de police... Aujourd'hui, le Punjab est le laboratoire où s'expérimente la force explosive de cet étrange et nouvel explosif, qui n'explose pas, mais qui peut mettre hors de combat. C'est une maxime libérale, que tout gouvernement doit reposer sur le consentement des gouvernés. Dans le monde moderne, même dans l'Inde, il commence à sembler que n'importe quel gouvernement peut être disloqué, si un nombre considérable de ses sujets s'organisent pour ne faire aucun acte positif afin de l'aider, — même pas de manger dans ses prisons. Le ministère de l'Intérieur était à bout de ressources, quand la guerre suspendit les grèves de la faim des femmes ; et le gouvernement du Punjab est-il bien sûr mainte-

nant de ce qu'il doit faire ? Notre habitude à tous a été jusqu'ici de considérer la résistance purement passive, le simple refus d'accomplir même les rudiments de la coopération civique, comme une arme inévitablement inefficace, en dernier ressort, en face de la force accablante résolument employée. Bien que la question ne soit pas encore éclaircie, il est possible que nous ayons à réviser nos conceptions de la force politique, et à reconnaître dans des préceptes comme celui de « PRÉSENTER L'AUTRE JOUE » *l'indication d'une action politique effective, et non pas simplement, comme a dit Bacon, un principe de* « MORALITÉ ABSTRAITE ET MONACALE ».

R. R.

Fin mars 1924.

L'auteur de ce livre, qu'il vient de reviser, après la cinquantième édition, d'après les notes de ses amis indiens, croit bon de résumer en quelques lignes les événements accomplis depuis 1924 dans le parti gandhiste, et la situation dans l'Inde, en juin 1926.

A sa sortie de prison, et après sa convalescence, Gandhi fut élu président du Congrès de toute l'Inde, pour l'année 1925. Sans modifier ses principes fondamentaux, et tout en se refusant personnellement à toute « coopération », il céda aux instances d'une section de *Swarajistes*, et, dans l'intérêt de la cause indienne, il permit à ceux de son parti qui le désiraient, de coopérer, en rentrant dans les Conseils législatifs du gouvernement anglo-indien. Il continua surtout à travailler pour le rétablissement de l'unité hindoue-musulmane (tâche difficile, car le gouvernement britannique fomente la discorde), à développer la fabrication du *khaddar* (tissu indigène), et à lutter contre l'intouchabilité : (ici, les gandhistes ont remporté une victoire signalée, dans l'État de Travancore).

A l'expiration de sa présidence, fin 1925, Gandhi fut remplacé par sa disciple, la poétesse hindoue, Mrs Sarojini Naïdu. Depuis, il a momentanément renoncé à l'activité politique directe. Retiré dans son Ashram (monastère) de Sabarmati, il se consacre à la méditation, à l'éducation des enfants, et à la direction des disciples, ainsi qu'à la propagande du *khaddar*. Il est un chef religieux, la plus haute autorité morale de l'Inde. Les chefs des partis *Swarajstes* viennent dans sa retraite lui demander conseil; et dans ses deux revues : *Navajiran* et *Young India*, il fait entendre régulièrement sa voix, qui montre le chemin et maintient fermement les principes.

R. R.

Juin 1926.

BIBLIOGRAPHIE

1. **Mahâtmâ Gandhi** : *Young India* (1919-1922), avec une introduction de Babu Rajendra Prasad. 1 vol. in-16, LXIV + 1200 p., 1922, S. Ganesan, Madras. (Recueil des articles de Gandhi, publiés dans son journal : *Young India*.

Une traduction française de ce livre par Hélène Hart a paru, avec introduction de Romain Rolland et portrait de Gandhi, sous le titre : *La jeune Inde*, 1 vol. in-16, de 380 p. Librairie Stock, Paris, 1925.

2. **Mahâtmâ Gandhi** : *Speeches and Writings* (1896-1922), avec une introduction de C.-F. Andrews et une esquisse biographique. 1 vol. in-16, 848 + 47 p., 1922, Natesan, Madras.

3. **Mahâtmâ Gandhi** : *a*) *Hind Swarâj* (Le *Home Rule Indien*), 1921, S. Ganesan ; *b*) *Neethi Dharma* (*Ethical Religion*), avec une introduction de J.-H. Holmes, S. Ganesan ; *c*) *A Guide to Health* (*Le Guide de la Santé*), 1921, S. Ganesan.

4. **Joseph J. Doke** : *M. K. Gandhi, an Indian Patriot in South Africa,* avec une introduction de lord Ampthill. 1909, London, *Indian Chronicle*.

5. *Souvenir of the Passive Resistance Movement in South Africa* (1906-1914). Golden Number of *Indian Opinion*, 1914, *Phœnix*, Natal.

(Cette précieuse brochure, éditée par l'imprimerie de la colonie Tolstoïenne de Gandhi, au Natal, offre la plus complète collection de documents écrits et photographiés sur la période de « Résistance passive », au Sud-Afrique).

6. **Prof. Kalelkar** : *The Gospel of Swadeshi* (*L'Evangile du Swadeshi*), 1922, Ganesan.

7. **W.-W. Pearson** : *The Dawn of a New Age*, 1922, S. Ganesan.

8. **C.-F. Andrews** : *To the Students*, 1921, S. Ganesan.

9. **J. H. Holmes** : *Mohandas Karamchand Gandhi* (introduction à *Ethical Religion*).

10. *M. K. Gandhi, A sketch of his Life and Work* (dans la collection : *Biographies of Eminent Indians*), Natesan, Madras.

11. **Manabendra Nath Roy** : *India in transition*, (with collaboration of Abani Mukherji), 1922 Genève, J.-B. Target.

12. **Manabendra Nath Roy and Evelyn Roy** : *One Year of Non-Cooperation, — from Ahmedabad to Gaya,* — published by Communist Party of India, 1923, Calcutta.

(L'auteur de ces deux brochures, bien documentées, — Indien exilé en Europe et pénétré de l'esprit Européen — expose la thèse communiste, en opposition avec Gandhi.

Il est utile de consulter la double collection : 1° de *Young India,* journal de Gandhi, qui continue à paraître à Ahmedabad: (son fils en est maintenant l'imprimeur-editeur) ; 2° de *The Modern Review,* éditée par Ramounda Chatterjee, à Calcutta, où s'exprime la pensée de Rabindranath Tagore. — La revue *Unity* de Chicago suit de près, avec une ardente sympathie, le mouvement Gandhiste. Son directeur, John Haynes Holmes, a préfacé l'édition indienne de *Ethical Religion.*

13. **Rotapfel Verlag** de Zürich a entrepris la publication, en allemand, des œuvres de Gandhi et des ouvrages capitaux, relatifs à sa vie et à son action. Ont déjà paru :

a. *Jung Indien* (Essais, de 1919 à 1922).
b. *Gandhis Leidenszeit* (Lettres et articles, écrits pendant l'emprisonnement, de 1921 à 1924).
c. *Gandhi in Süd Afrika* (c'est le livre de Doke, complété par de nouveaux documents).
d. *Ein Wegweiser zur Gesundheit* (Le guide de la santé).

Rotapfel Verlag publie aussi des *Eurasische Berichte*, revue annuelle, dont le premier tome est consacré à la crise hindoue-mahométane, au grand jeûne de Gandhi, et à l'attitude de Gandhi en face du bolchevisme.

14. Gandhi, qui a repris la direction de son journal hebdomadaire : *Young India*, y publie actuellement (1926) son autobiographie, sous le titre : *The Story of my Experiments with Truth*. On ne saurait assez insister sur l'intérêt exceptionnel de cette confession, qui, bien loin d'avoir un caractère apologétique, met en lumière toutes ses faiblesses et ses erreurs, avec une paisible et absolue véracité. L'objet en est de dire au monde : « Vous me croyez un héros ?... Je suis, de nature, un homme médiocre, faible, timide, presque lâche; toutes les basses pensées étaient en moi; je ne m'élevais pas au-dessus de la moyenne des hommes, et j'étais peut-être au-dessous. Si pourtant j'ai fait ce que j'ai fait, que ne pouvez-vous faire, vous tous ! »

E. GREVIN — IMPRIMERIE DE LAGNY — 1926.

A LA MÊME LIBRAIRIE

ANDERSEN. — Contes (Traduction [illegible]).
G. APOLLINAIRE. — L'Hérésiarque.
BARBEY D'AUREVILLY. — Polémiques d'hier.
— Dernières Polémiques.
E. BARRETT-BROWNING. — Aurora Leigh.
— Poèmes et Poésie.
BJOERNSTJERNE-BJOERNSON. — Au delà des Forces.
— Un Gant. Le Nouveau Système.
LÉON BLOY. — Belluaires et Porchers.
— Propos d'un Entrepreneur de démolitions.
— Le Sang du Pauvre.
— Résurrection de Villiers de l'Isle Adam.
— Lettres à sa fiancée.
ÉLÉMIR BOURGES. — La Nef. Édition complète ([illegible]).
— Le Crépuscule des Dieux.
BRIEUX, de l'Académie française. — Théâtre complet.
JACQUES CHARDONNE. — L'Épithalame, Roman, 2 vol.
CHTCHEDRINE. — Les Messieurs Golovleff.
MARGUERITE COMERT. — Mes Images.
ABEL FAURE. — L'Individu et l'Esprit d'autorité.
— L'Individu et les Diplômes.
PAUL GÉRALDY. — Toi et Moi, Poésie.
— Amour.
ÉMILE GUILLAUMIN. — La Vie d'un Simple (Journal d'un [illegible]).
LÉON HENNIQUE. — Un Caractère.
— Pœuf.
IBSEN. — Le Canard sauvage.
— Solness le Constructeur.
— La Dame de la Mer. Un Ennemi du Peuple. 1 vol.
SELMA LAGERLÖF. — La Légende de Gösta Berling.
— Jérusalem en Dalécarlie.
— Jérusalem en Terre Sainte.

J.-H. ROSNY. — Le Bilatéral.
— L'Immolation.
RUDYARD KIPLING. — Lettres de Marque.
— Au Hasard de la Vie.
— La Cité de l'Épouvantable Nuit.
— Parmi les Cheminots de l'Inde. Une Vraie Fiction. — 1 vol.
— Nouveaux Contes des Collines.
— Trois Troupiers.
— Brugglesmith.
— Chez les Américains.
KROPOTKINE. — Autour d'une vie. Mémoires, 2 vol.
— La Grande Révolution.
— Champs, Usines, Ateliers.
— La Conquête du Pain.
JEAN LORRAIN. — Les L[illegible]
— Très russe.
— Modernités.
PIERRE MILLE. — Paraboles et [illegible].
MARLOWE. — Théâtre [illegible]
T. DE QUINCEY. — Les Confessions d'un Mangeur d'Opium.
— Souvenirs autobiographiques d'un Mangeur d'Opium.
SHELLEY. — Œuvres poétiques [illegible]
— Œuvres en prose.
STEVENSON. — [illegible]
STRINDBERG. — La Danse de Mort, 1 vol.
— Le Songe. Deux Féeries [illegible]
SWINBURNE. — Chants d'avant l'Aube.
SCHNITZLER. — Anatole.
— La Ronde.
TOURGUENIEFF. — Dimitri Roudine [illegible]
PIERRE VEBER. — Les Belles Histoires.
OSCAR WILDE. — Intentions [illegible]
— Le Crime de Lord Arthur Savile.
— Le Portrait de Dorian Gray.
— La Maison de la Courtisane.
— Une Maison de Grenades.
— Théâtre, 3 vol.
S. E. WHITE. — Terres de silence.
TOLSTOÏ. — Œuvres complètes. Traduction intégrale et [illegible] sur les manuscrits originaux.

www.ingramcontent.com/pod-product-compliance
Ingram Content Group UK Ltd.
Pitfield, Milton Keynes, MK11 3LW, UK
UKHW022059260726
13993UKWH00001B/203